KB276196

재미있고 즐겁게 일본어를 하다보면, 회화실력이 쑥쑥!

# 오모시로이
## 일본어 ①

한국일본어학회 저

시사일본어사

**우리는 지금 21세기 글로벌 시대에** 살고 있습니다. 이제 지구촌은 하나의 네트워크로 연결되면서 다양한 정보들을 실시간으로 공유하게 되었고, 이러한 시대적 흐름은 우리가 더욱더 외국어 학습에 매진해야 할 당위성을 제공하고 있습니다. 정치, 경제, 사회, 문화 등 모든 분야에서 국경을 뛰어넘는 교류가 일상으로 일어나고 있는 이 세계 속에서 원활한 의사소통은 가장 중요한 교류수단으로 자리 잡게 되었습니다.

이러한 시점에 학회 창립 11주년을 맞이하여 한국일본어학회에서 이번에 발간하는 일본어 초급 교재는, 일본어의 대중화라는 의미에서 큰 의의가 있다고 할 수 있습니다. 이 교재는 [일본어학 중요용어 743]발간에 이어 일본어에 대한 보다 체계적이고 효율적인 교육이 이루어지는데 보탬이 될 수 있도록 기획되었습니다.

일본인과의 대화에 있어 가장 중요한 것은 바로 현장에서 사용할 수 있는 회화문이어야 한다는 점입니다. 기존의 많은 일본어 관련 교재들은 그 대부분이 딱딱한 문형과 이를 예로 든 문장에 치우쳐 있었습니다. 그 결과 일본어를 배우기는 했는데 일본인과 만나도 자연스런 대화가 불가능하고, 회화를 위주로 다룬 교재들을 따로 구해서 학습해야 했습니다. 이 교재는 바로 그러한 학습자들의 불편함을 해소시키고자 회화와 문형을 동시에 익히고, 배운 것을 바로 활용할 수 있도록 구성되었습니다.

또한 회화문도 실제 일본인이 사용하는 표현을 있는 그대로 살림으로써 자연스러운 감정 표현을 습득할 수 있도록 하였습니다. 아울러 이 교재만의 특성으로 한국인이 틀리기 쉬운 발음이나 음성을 네 컷 만화로 재미있게 구성함으로써 학습자들이 자연스럽게 일본어와 한국어의 차이에 대해 이해를 할 수 있도록 하였습니다.

일본어 문형은 문법적인 부분과 비문법적인 부분으로 나눌 수 있습니다. 이 교재는 외워서 바로 사용할 수 있는 비문법적인 부분을 중급수준까지 단계적으로 제시하여, 초급문법으로 중급 수준의 커뮤니케이션이 가능하도록 기획된 점에서 다른 교재와 차별을 도모하였습니다. 부디 이 교재가 일본어를 공부하는 많은 분들께 커다란 도움이 될 수 있기를 기대합니다.

집필자 일동

## 이 책의 특징

1. 이 교재는 일본어를 발음·문자부터 처음 배우는 학습자를 위해서 제작되었습니다.
2. 이 교재는 실제 대화 장면을 바탕으로 듣기, 말하기, 읽기, 쓰기 능력을 기를 수 있도록 편찬하였습니다.
3. 이 교재는 전체 12과로 문자, 발음, 그리고 자기소개, 음식점, 백화점, 지하철, 여행지 등 의 5장면에서 다양한 문형·문법, 기능 등을 제시하고 있습니다.
4. 이 교재는 자연스러운 대화문을 우선하여, 실제 대화 장면에서 효과적으로 응용하여 사용할 수 있게 하였습니다.
5. 전체 과를 순서대로 가르치도록 하였으나, 학습자의 필요도에 따라서 학습 내용을 선택하여 가르쳐도 무방합니다.
6. 이 교재는 모든 초급 학습자가 사용할 수 있도록, 다양한 학습자의 니즈를 고려하여 편찬하였습니다.

## 이 책의 구성

이 책은 3, 4과, 5, 6과, 7, 8과, 9, 10과, 11,12과가 한 세트로 구성되어 있습니다.

홀수 과에서는 기본적인 문형과 회화를 학습하고, 이를 짝수 과에서 응용하고 연습합니다.

따라서 홀수 과에는 「키워드」와 「문형」, 「기본회화」와 「해설」이 수록되어 있고, 짝수 과에는 「응용회화1」과 「응용회화2」, 「연습문제」가 마련되어 있습니다. 기본적으로는 두 과를 모두 학습할 것을 권장하지만, 학습자의 레벨에 따라 「기본회화」와 「응용회화1」까지 학습해도 연습문제에는 전혀 지장이 없도록 구성하였습니다. 단 「해설」은 「응용회화2」까지 설명을 넣었고, 그 문형이 어디에 나오는지를 따로 표시해 둠으로써 필요한 부분만을 학습 가능하도록 배려하였습니다.

**이 과의 키워드** — 각 과에서 포인트가 되는 단어를 미리 살펴봅니다.

**문형** — 그 과의 중요한 학습 문형을 일러스트 형태로 제시하였습니다.

**기본회화** — 일상생활에 자주 사용되는 회화문을 통해 주요 학습 포인트를 학습합니다.

단어 - 각 페이지 아래 쪽에 새로 나온 단어를 수록했습니다.

해설 - 그 과의 학습 문형을 상세한 설명과 다양한 예문을 곁들여 설명하였습니다.

응용회화 1, 2 - 기본회화를 응용하여 사용할 수 있는 회화문을 제시함으로써 자연스러운 회화문을 반복 연습할 수 있도록 하였습니다.

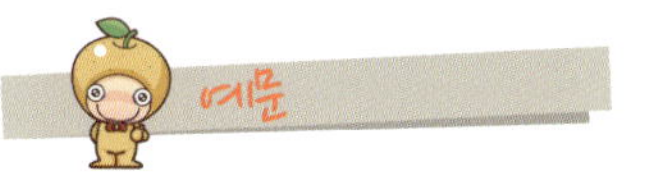

예문 - 가장 핵심이 되는 문장을 골라 회화 연습을 하고, 이 과에서 배운 내용을 다시 한 번 확인하도록 하였습니다.

연습문제 - 문형연습, 회화연습, 듣기연습으로 나누어 배운 내용을 반복 확인함으로써 실력향상을 도모할 수 있도록 하였습니다.

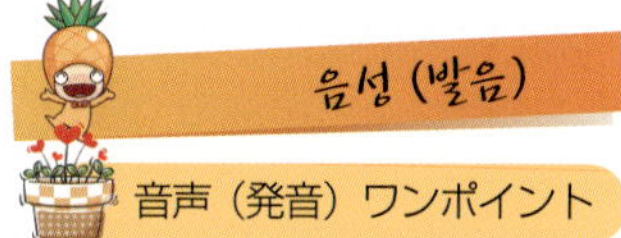

음성(발음) - 이 교재만의 특성으로, 한국인 학습자가 틀리기 쉬운 일본어의 음성과 발음을 재미있는 네 컷 만화로 구성하였습니다.

Japanese Culture - 각 과에 관련된 일본문화를 재미있는 일러스트와 생생한 사진과 함께 제시하였습니다.

* **부록** - 기본회화, 응용회화와 관련된 중요한 문형이나 자료들을 알기 쉽게 표로 정리하였습니다.

* **스크립트 정답** - 스크립트를 실어 학습에 도움이 되도록 하였습니다.

* **색인** - 이 책에 나오는 새로 나온 단어와 문형을 일본어 오십음도(あいうえお) 순으로 찾기 쉽게 수록하였습니다.

# 目次(목차)


まえがき 머리말 03
この本の特徴と構成 이 책의 특징과 구성 04

第1課　문자 08
・日本語とは 일본어란 10
・五十音表 오십음표 (ひらがな／カタカナ) 14
・文字の練習 문자 연습 (ひらがな／カタカナ) 18

第2課　음성 32
・（1）発音 발음 （2）音声 음성 34
・あいさつ 인사 42
・あいさつ表現分類 인사 표현 분류 45
・教室用語 교실용어 46

第3課　私は　斉藤です。 저는 사이토입니다. 49

第4課　私の　友達です。 제 친구입니다. 57

第5課　あっ！　あれは　トロですね。 앗, 저건 다랑어죠? 75

第6課　それ、だれの　ケータイですか。 그거 누구 휴대전화예요? 85

第7課　さいふ売り場は　どこですか。 지갑 매장은 어디예요? 104

第8課　あのう、こちらは　何時からですか。 저, 여기는 몇 시까지예요? 113

第9課　ソウルの　地下鉄は　いいですね。 서울의 전철은 좋군요. 131

第10課　少し　複雑ですが、便利ですよ。 좀 복잡하지만 편리해요. 139

第11課　北海道へ　行きます。 홋카이도에 갈 거예요. 160

第12課　私は　どこへも　行きません。 저는 아무데도 안 가요. 171

練習問題のスクリプト 듣기연습 스크립트 194
練習問題の解答 듣기연습 정답 200
付録 부록 201
索引 색인 203

# 문자

### 일본어란 어떤 언어인가?

일본어의 특징에 대해 아래와 같이 일본어, 한국어, 영어의 문장을 예로 들어 비교해 보자.

···スミスさんは 動物園で 象に バナナを やりました。
스미스 씨는 동물원에서 코끼리에게 바나나를 주었습니다.
Mr. Smith gave a banana to an elephant at the zoo.

### ❶ 글자

한국어는 주로 한글만, 영어는 알파벳만 사용하는데 비해, 일본어는 히라가나, 가타카나, 한자와 같이 세 가지 글자를 사용한다.

히라가나 : さん、は、で、に、を、やりました

가타카나 : スミス、バナナ

한　자 : 動物園、象

## ❷ 어순

특정 동작은 주로 동사로 표현하는데, 동작의 대상이 되는 명사는 한국어와 마찬가지로 동사 앞에 온다. 영어는 반대로 동사 뒤에 동작의 대상이 되는 명사가 온다.

## ❸ 조사

일본어의 경우 조사는 명사 뒤에 온다. 이러한 특징은 한국어와 마찬가지이고, 영어와는 반대이다. 조사는 명사 이외에도 연결되는데, 그러한 경우에도 반드시 그 뒤에 놓인다.

… スミスさんは　　動物園で　　象に　　バナナを　　やりました。
스미스 씨는　　　동물원에서　　코끼리에게　바나나를　　주었습니다.
Mr. Smith　　　　gave　　　　a banana　to an elephant　at the zoo.

## ❹ 술어(述語)부분

일본어의 술어 부분에는 각종 정보가 담겨져 있는 부품 같은 것(형태소)을 몇 개나 연결할 수 있다. 이 점은 한국어와 마찬가지이다.

… 先生は 象に バナナを おやりに なりませんでした。
선생님은 코끼리에게 바나나를 주시지 않았습니다.

「お」, 「やりに」, 「なり」, 「ません」, 「でした」가 다 모여, '주시지 않았습니다'라는 의미를 가지게 된다.

### ❺ 문체(style)

'비가 내린다'를 한국어로는 아래와 같이 여러 가지 스타일로 말할 수 있다.

> ⋯비가 옵니다.  /  비가 와요.  /  비가 와.

일본어도 누가 어떤 상황에서 말하는지에 따라 표현 방식(style)이 달라진다.
예를 들면 아래와 같다.

> ⋯雨が 降って いますよ。： 공식적인 상황에서 또는 윗사람이나 낯선 사람에게
>
> 雨が 降ってるよ。： 친구나 가족에게

또한 일본어의 경우는 화자의 성별에 따라 표현 방식이 달라질 때도 있다. 이는
한국어의 경우 성별에 따라 차이가 생기지 않는 것과 대조적이다.

# 五十音表 (ひらがな)

따라 읽어 보세요.

## せいおん

01

| | | | | | | | |
|---|---|---|---|---|---|---|---|
| あ | い | う | え | お | | | |
| か | き | く | け | こ | きゃ | きゅ | きょ |
| さ | し | す | せ | そ | しゃ | しゅ | しょ |
| た | ち | つ | て | と | ちゃ | ちゅ | ちょ |
| な | に | ぬ | ね | の | にゃ | にゅ | にょ |
| は | ひ | ふ | へ | ほ | ひゃ | ひゅ | ひょ |
| ま | み | む | め | も | みゃ | みゅ | みょ |
| や | | ゆ | | よ | | | |
| ら | り | る | れ | ろ | りゃ | りゅ | りょ |
| わ | | | | を | | | |
| ん | | | | | | | |

◀)) 02

| が | ぎ | ぐ | げ | ご | ぎゃ | ぎゅ | ぎょ |
|---|---|---|---|---|---|---|---|
| ざ | じ | ず | ぜ | ぞ | じゃ | じゅ | じょ |
| だ | ぢ | づ | で | ど | ぢゃ | ぢゅ | ぢょ |
| ば | び | ぶ | べ | ぼ | びゃ | びゅ | びょ |



◀)) 03

| ぱ | ぴ | ぷ | ぺ | ぽ | ぴゃ | ぴゅ | ぴょ |
|---|---|---|---|---|---|---|---|

# 五十音表 (カタカナ)

따라 읽어 보세요.

## せいおん

04

| | | | | | | | |
|---|---|---|---|---|---|---|---|
| ア | イ | ウ | エ | オ | | | |
| カ | キ | ク | ケ | コ | キャ | キュ | キョ |
| サ | シ | ス | セ | ソ | シャ | シュ | ショ |
| タ | チ | ツ | テ | ト | チャ | チュ | チョ |
| ナ | ニ | ヌ | ネ | ノ | ニャ | ニュ | ニョ |
| ハ | ヒ | フ | ヘ | ホ | ヒャ | ヒュ | ヒョ |
| マ | ミ | ム | メ | モ | ミャ | ミュ | ミョ |
| ヤ | | ユ | | ヨ | | | |
| ラ | リ | ル | レ | ロ | リャ | リュ | リョ |
| ワ | | | | ヲ | | | |
| ン | | | | | | | |

## だくおん

🔊 05

| ガ | ギ | グ | ゲ | ゴ | ギャ | ギュ | ギョ |
| ザ | ジ | ズ | ゼ | ゾ | ジャ | ジュ | ジョ |
| ダ | ヂ | ヅ | デ | ド | ヂャ | ヂュ | ヂョ |
| バ | ビ | ブ | ベ | ボ | ビャ | ビュ | ビョ |

## はんだくおん

🔊 06

| パ | ピ | プ | ペ | ポ | ピャ | ピュ | ピョ |

# 文字の練習・ひらがな

따라 써 보세요.

|  | あ단 | い단 | う단 | え단 | お단 |
|---|---|---|---|---|---|
| あ행 | あ [a] | い [i] | う [ɯ] | え [e] | お [o] |
| か행 | か [ka] | き [ki] | く [kɯ] | け [ke] | こ [ko] |
| が행 | が [ga] | ぎ [gi] | ぐ [gɯ] | げ [ge] | ご [go] |
| さ행 | さ [sa] | し [si] | す [sɯ] | せ [se] | そ [so] |
| ざ행 | ざ [za] | じ [zi] | ず [zɯ] | ぜ [ze] | ぞ [zo] |
| た행 | た [ta] | ち [thi] | つ [tsɯ] | て [te] | と [to] |
| だ행 | だ [da] | ぢ [zi] | づ [zɯ] | で [de] | ど [do] |

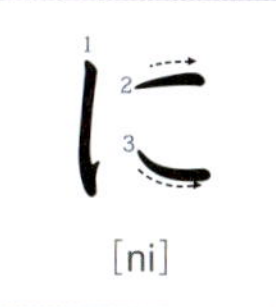

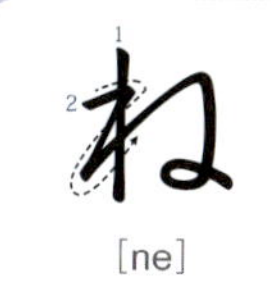

읽기 연습　따라 읽어 보세요.

◀)) 07

え

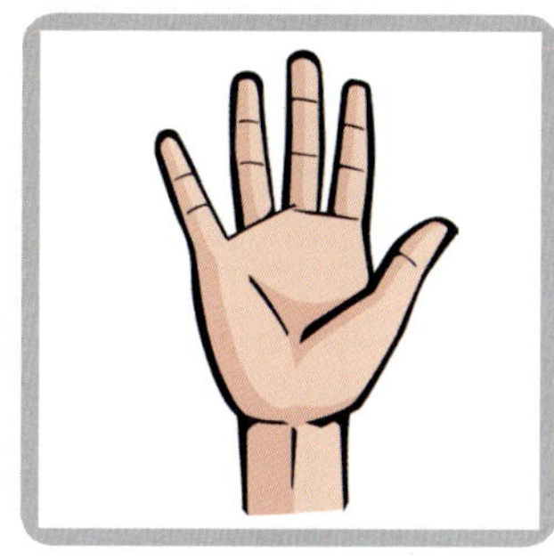

て

あさ

ねこ

おかね

しごと

ちかてつ

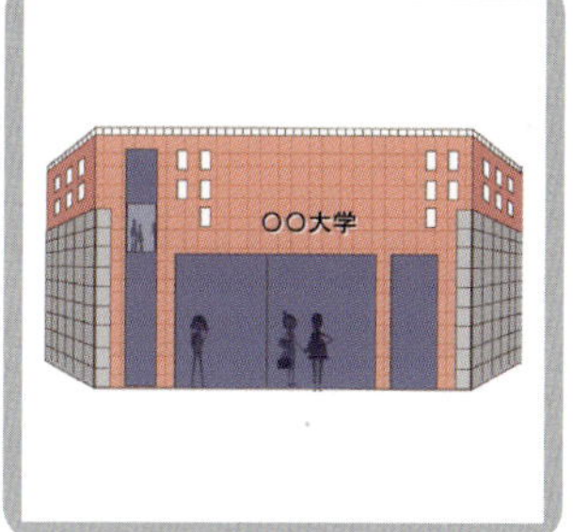


だいがく

は행
は [ha]　ひ [çi]　ふ [ɸɯ]　へ [he]　ほ [ho]
ば행
ば [ba]　び [bi]　ぶ [bɯ]　べ [be]　ぼ [bo]
ぱ행
ぱ [pa]　ぴ [pi]　ぷ [pɯ]　ぺ [pe]　ぽ [po]
ま행
ま [ma]　み [mi]　む [mɯ]　め [me]　も [mo]
や행
や [ya]　ゆ [yɯ]　よ [yo]
ら행
ら [ra]　り [ri]　る [rɯ]　れ [re]　ろ [ro]
わ행
わ [wa]　を [o]
ん [N]

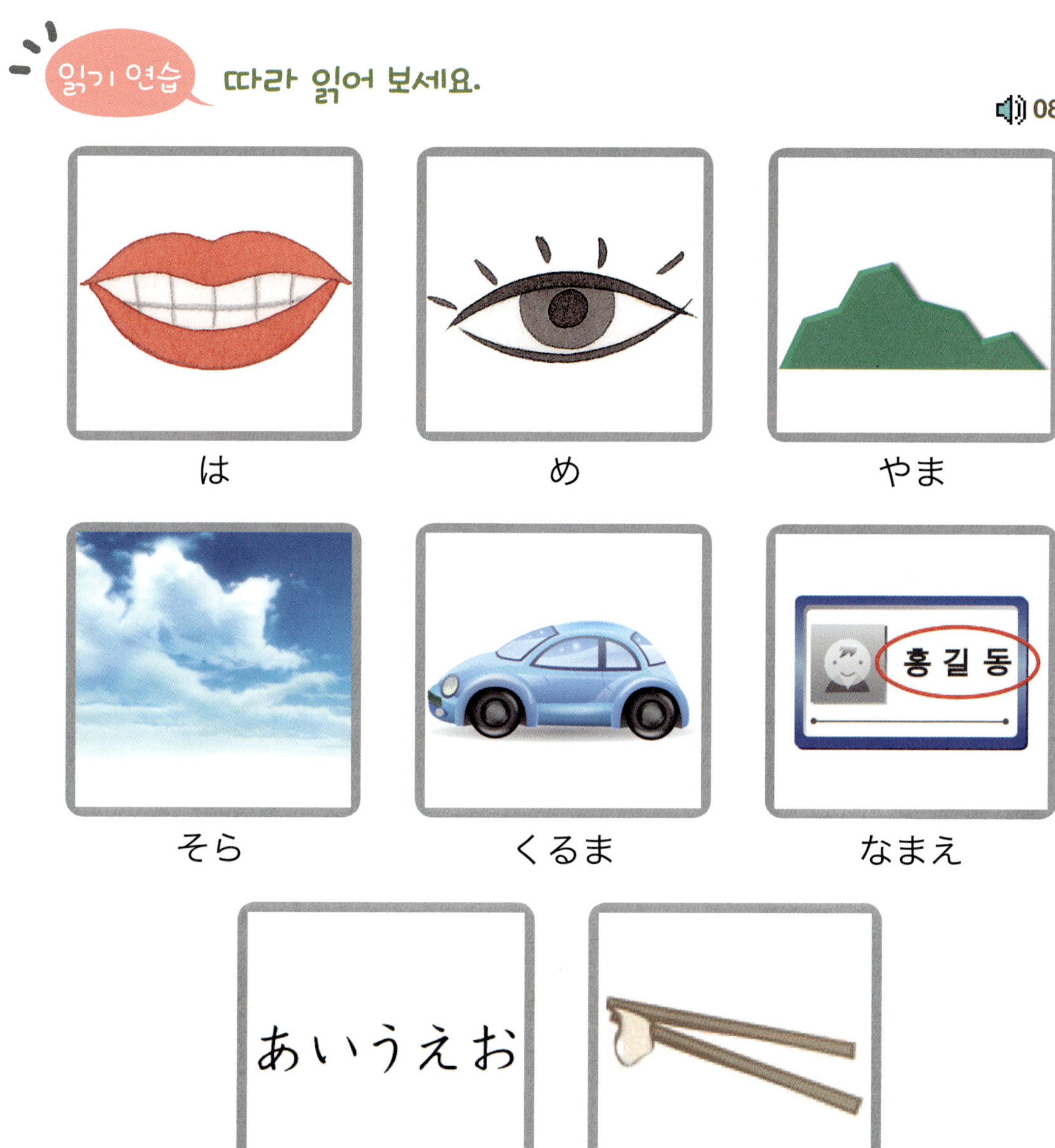

は
め
やま
そら
くるま
なまえ
あいうえお
ひらがな
わりばし

1. 히라가나 「ち」를 찾아 칠해 보세요.

| | | | | | | |
|---|---|---|---|---|---|---|
| ら | ち | ち | ち | き | ち | さ |
| き | さ | き | ち | さ | ち | ら |
| ら | ら | ち | さ | さ | ち | ら |
| さ | ち | き | さ | き | ち | さ |
| き | き | ら | ら | さ | さ | き |
| さ | ち | ち | ち | ち | ち | き |
| ら | ち | ら | さ | き | ち | ら |
| き | ち | ち | ち | ち | ち | さ |

2. 히라가나 「ほ」를 찾아 칠해 보세요.

| | | | | | | |
|---|---|---|---|---|---|---|
| よ | ほ | ま | は | ま | は | よ |
| は | ほ | は | ま | は | ま | よ |
| よ | ほ | ほ | ほ | ほ | ほ | は |
| ま | は | よ | ま | ま | ま | ま |
| ほ | ほ | ほ | ほ | ほ | ほ | ほ |
| ま | は | ま | ほ | ま | よ | は |
| よ | ほ | よ | ま | は | ま | は |
| ま | ほ | ほ | ほ | ほ | ほ | よ |

3. 히라가나 「れ」와 「る」를 찾아 칠해 보세요.

| | | | | | | |
|---|---|---|---|---|---|---|
| わ | れ | る | れ | れ | る | わ |
| ね | る | わ | ね | ろ | る | ろ |
| ろ | る | る | れ | る | れ | ね |
| わ | ろ | わ | れ | ろ | ね | わ |
| ろ | る | れ | る | る | れ | ね |
| ね | ろ | わ | ね | わ | ね | わ |
| ろ | る | れ | る | れ | れ | ね |
| ね | ね | ね | わ | わ | る | ろ |

4. 히라가나 「こ」「り」「お」를 찾아 칠해 보세요.

| | | | | | | |
|---|---|---|---|---|---|---|
| に | い | い | こ | あ | い | に |
| い | に | い | こ | に | あ | あ |
| に | に | り | い | お | に | い |
| あ | り | い | に | に | こ | あ |
| り | い | に | り | い | あ | お |
| い | あ | い | こ | に | い | い |
| に | い | あ | お | に | に | い |
| こ | こ | こ | り | り | こ | り |

**1.**

| ら | ち | ち | ち | き | ち | さ |
|---|---|---|---|---|---|---|
| き | さ | き | ち | さ | ち | ら |
| ら | ら | ち | さ | さ | ち | ら |
| さ | ち | き | さ | き | ち | さ |
| き | き | ら | ら | さ | さ | き |
| さ | ち | ち | ち | ち | ち | き |
| ら | ち | ら | さ | き | ち | ら |
| き | ち | ち | ち | ち | ち | さ |

**2.**

| よ | ほ | ま | は | ま | は | よ |
|---|---|---|---|---|---|---|
| は | ほ | は | ま | は | ま | よ |
| よ | ほ | ほ | ほ | ほ | ほ | は |
| ま | は | よ | ま | ま | ま | ま |
| ほ | ほ | ほ | ほ | ほ | ほ | ほ |
| ま | は | ま | ほ | ま | よ | は |
| よ | ほ | よ | ま | は | ま | は |
| ま | ほ | ほ | ほ | ほ | ほ | よ |

**3.**

| わ | れ | る | れ | れ | る | わ |
|---|---|---|---|---|---|---|
| ね | る | わ | ね | ろ | る | ろ |
| ろ | る | る | れ | る | れ | ね |
| わ | ろ | わ | れ | ろ | ね | わ |
| ろ | る | れ | る | る | れ | ね |
| ね | ろ | わ | ね | わ | ね | わ |
| ろ | る | れ | る | れ | れ | ね |
| ね | ね | ね | わ | わ | る | ろ |

**4.**

| に | い | い | こ | あ | い | に |
|---|---|---|---|---|---|---|
| い | に | い | こ | に | あ | あ |
| に | に | り | い | お | に | い |
| あ | り | い | に | に | こ | あ |
| り | い | に | り | い | あ | お |
| い | あ | い | こ | に | い | い |
| に | い | あ | お | に | に | い |
| こ | こ | こ | り | り | こ | り |

# 文字の練習・カタカナ

따라 써 보세요.

|  | ア단 | イ단 | ウ단 | エ단 | オ단 |
|---|---|---|---|---|---|
| ア행 | ア [a] | イ [i] | ウ [ɯ] | エ [e] | オ [o] |
| カ행 | カ [ka] | キ [ki] | ク [kɯ] | ケ [ke] | コ [ko] |
| ガ행 | ガ [ga] | ギ [gi] | グ [gɯ] | ゲ [ge] | ゴ [go] |
| サ행 | サ [sa] | シ [si] | ス [sɯ] | セ [se] | ソ [so] |
| ザ행 | ザ [za] | ジ [zi] | ズ [zɯ] | ゼ [ze] | ゾ [zo] |
| タ행 | タ [ta] | チ [thi] | ツ [tsɯ] | テ [te] | ト [to] |
| ダ행 | ダ [da] | ヂ [zi] | ヅ [zɯ] | デ [de] | ド [do] |

ナ행

| ナ | ニ | ヌ | ネ | ノ |
|---|---|---|---|---|
| [na] | [ni] | [nɯ] | [ne] | [no] |

**읽기 연습** 따라 읽어 보세요.

09

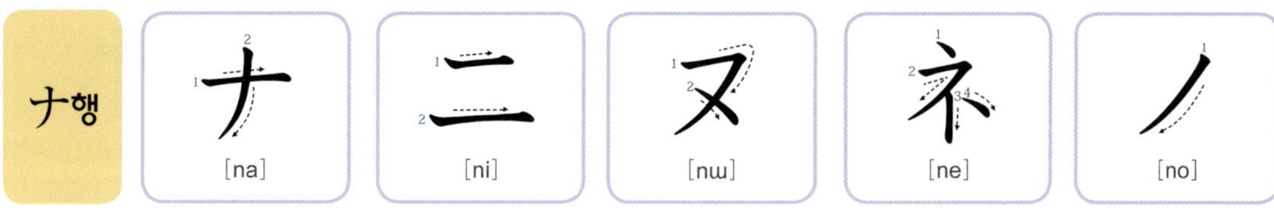

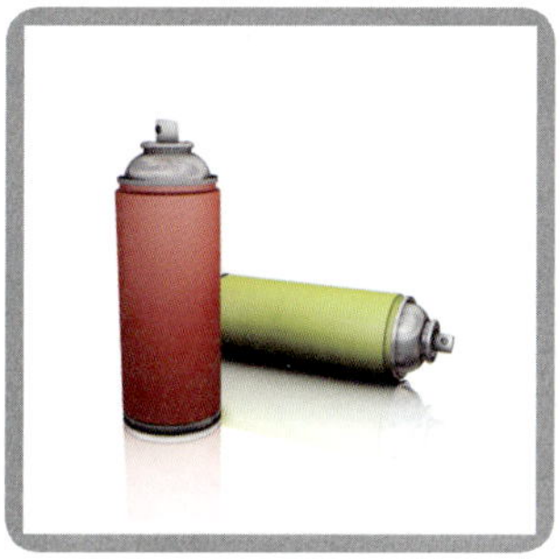

ガス

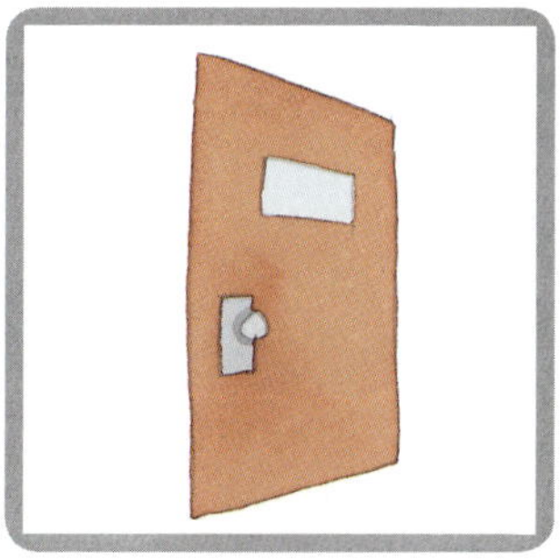

ドア

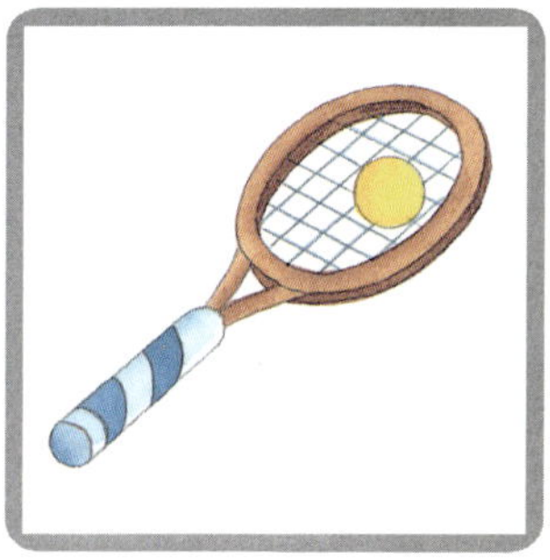

テニス

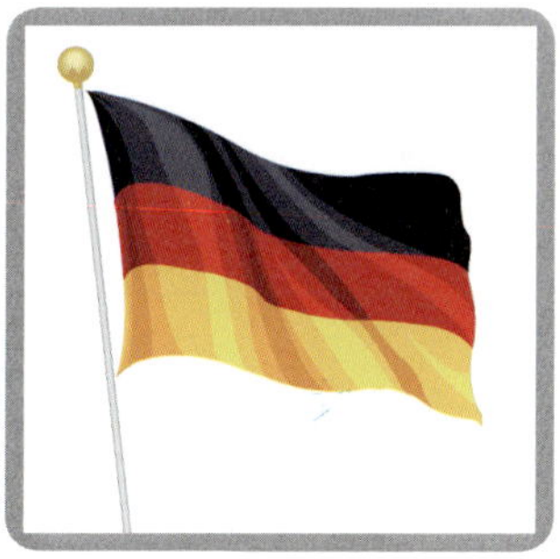

ドイツ

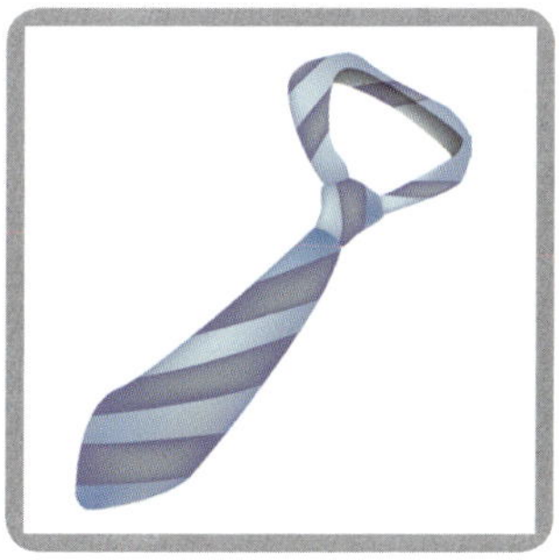

ネクタイ

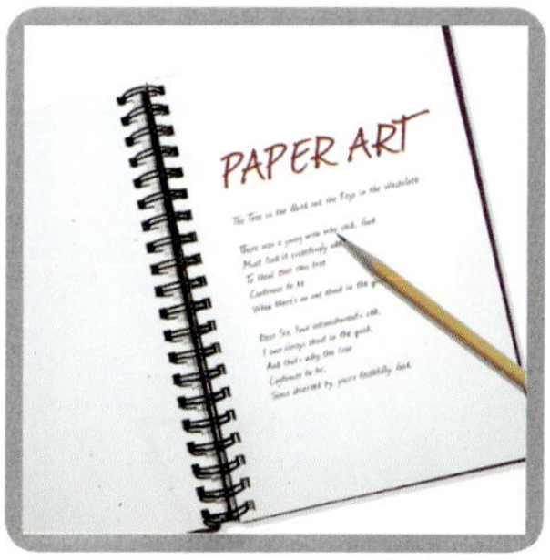

テキスト

🔊 10

バス

ビル

キムチ

トイレ

テレビ

ピアノ

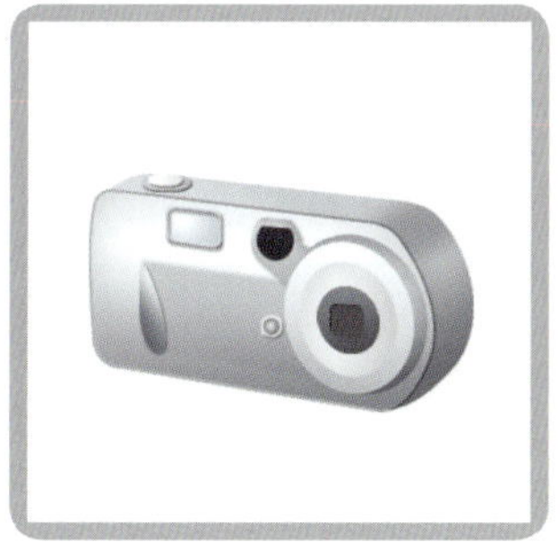

デジカメ

プルコギ

# 연습문제

**1. 가타카나「マ」를 찾아 칠해 보세요.**

| ヤ | ナ | ヤ | ア | ヤ | ア | ナ |
|---|---|---|---|---|---|---|
| ナ | マ | マ | マ | マ | マ | ア |
| ア | マ | ア | ヤ | ア | マ | ヤ |
| ナ | マ | ナ | ヤ | ナ | マ | ア |
| ヤ | マ | マ | マ | マ | マ | ヤ |
| ア | マ | ア | ヤ | ア | マ | ア |
| ヤ | マ | ナ | ア | ヤ | マ | ナ |
| ナ | マ | マ | マ | マ | マ | ナ |

**2. 가타카나「ツ」를 찾아 칠해 보세요.**

| シ | ソ | シ | ツ | シ | ソ | ソ |
|---|---|---|---|---|---|---|
| ン | ソ | シ | ツ | ソ | シ | ン |
| ツ | ツ | ツ | ツ | ツ | ツ | ツ |
| ソ | ソ | シ | ツ | ン | シ | ソ |
| シ | ン | ツ | ツ | ツ | ソ | シ |
| ン | ツ | シ | ツ | シ | ツ | シ |
| ツ | シ | ツ | ツ | ツ | ソ | ツ |
| ン | ソ | ソ | ツ | ン | ン | シ |

**3. 가타카나「サ」와「テ」를 찾아 칠해 보세요.**

| ナ | チ | テ | チ | ナ | テ | チ |
|---|---|---|---|---|---|---|
| ケ | サ | テ | サ | ケ | サ | ケ |
| チ | ナ | チ | ケ | チ | サ | ナ |
| ナ | ケ | サ | ナ | ケ | テ | サ |
| ナ | サ | ケ | テ | チ | テ | ケ |
| チ | ケ | テ | ナ | ケ | サ | ナ |
| ケ | テ | チ | ナ | チ | ケ | チ |
| チ | サ | サ | テ | サ | テ | ナ |

**4. 가타카나「ラ」「ウ」「タ」를 찾아 칠해 보세요.**

| ワ | タ | ウ | ラ | タ | ワ | ヲ |
|---|---|---|---|---|---|---|
| ク | フ | ク | ワ | ウ | フ | ク |
| ワ | ク | ヲ | フ | ラ | ク | ヲ |
| ウ | タ | ラ | ウ | タ | ウ | ラ |
| フ | ヲ | ク | タ | ヲ | フ | ワ |
| ワ | ラ | タ | ウ | ラ | ヲ | フ |
| ヲ | ク | フ | ヲ | ウ | ク | ヲ |
| ワ | ク | ワ | フ | ラ | ワ | フ |

**1.**

| ヤ | ナ | ヤ | ア | ヤ | ア | ナ |
|---|---|---|---|---|---|---|
| ナ | マ | マ | マ | マ | マ | ア |
| ア | マ | ア | ヤ | ア | マ | ヤ |
| ナ | マ | ナ | ヤ | ナ | マ | ア |
| ヤ | マ | マ | マ | マ | マ | ヤ |
| ア | マ | ア | ヤ | ア | マ | ア |
| ヤ | マ | ナ | ア | ヤ | マ | ナ |
| ナ | マ | マ | マ | マ | マ | ナ |

**2.**

| シ | ソ | シ | ツ | シ | ソ | ソ |
|---|---|---|---|---|---|---|
| ン | ソ | シ | ツ | ソ | シ | ン |
| ツ | ツ | ツ | ツ | ツ | ツ | ツ |
| ソ | ソ | シ | ツ | ン | シ | ソ |
| シ | ン | ツ | ツ | ツ | ソ | シ |
| ン | ツ | シ | ツ | シ | ツ | シ |
| ツ | シ | ツ | ツ | ツ | ソ | ツ |
| ン | ソ | ソ | ツ | ン | ン | シ |

**3.**

| ナ | チ | テ | チ | ナ | テ | チ |
|---|---|---|---|---|---|---|
| ケ | サ | テ | サ | ケ | サ | ケ |
| チ | ナ | チ | ケ | チ | サ | ナ |
| ナ | ケ | サ | ナ | ケ | テ | サ |
| ナ | サ | ケ | テ | チ | テ | ケ |
| チ | ケ | テ | ナ | ケ | サ | ナ |
| ケ | テ | チ | ナ | チ | ケ | チ |
| チ | サ | サ | テ | サ | テ | ナ |

**4.**

| ワ | タ | ウ | ラ | タ | ワ | ヲ |
|---|---|---|---|---|---|---|
| ク | フ | ク | ワ | ウ | フ | ク |
| ワ | ク | ヲ | フ | ラ | ク | ヲ |
| ウ | タ | ラ | ウ | タ | ウ | ラ |
| フ | ヲ | ク | タ | ヲ | フ | ワ |
| ワ | ラ | タ | ウ | ラ | ヲ | フ |
| ヲ | ク | フ | ヲ | ウ | ク | ヲ |
| ワ | ク | ワ | フ | ラ | ワ | フ |

# Japanese culture

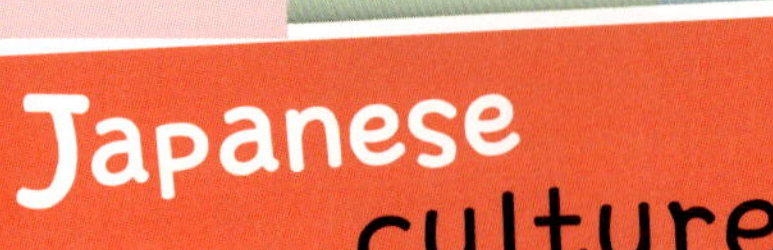

일본의 인구는 약 1억 2,700만 명으로 세계 10위이다.

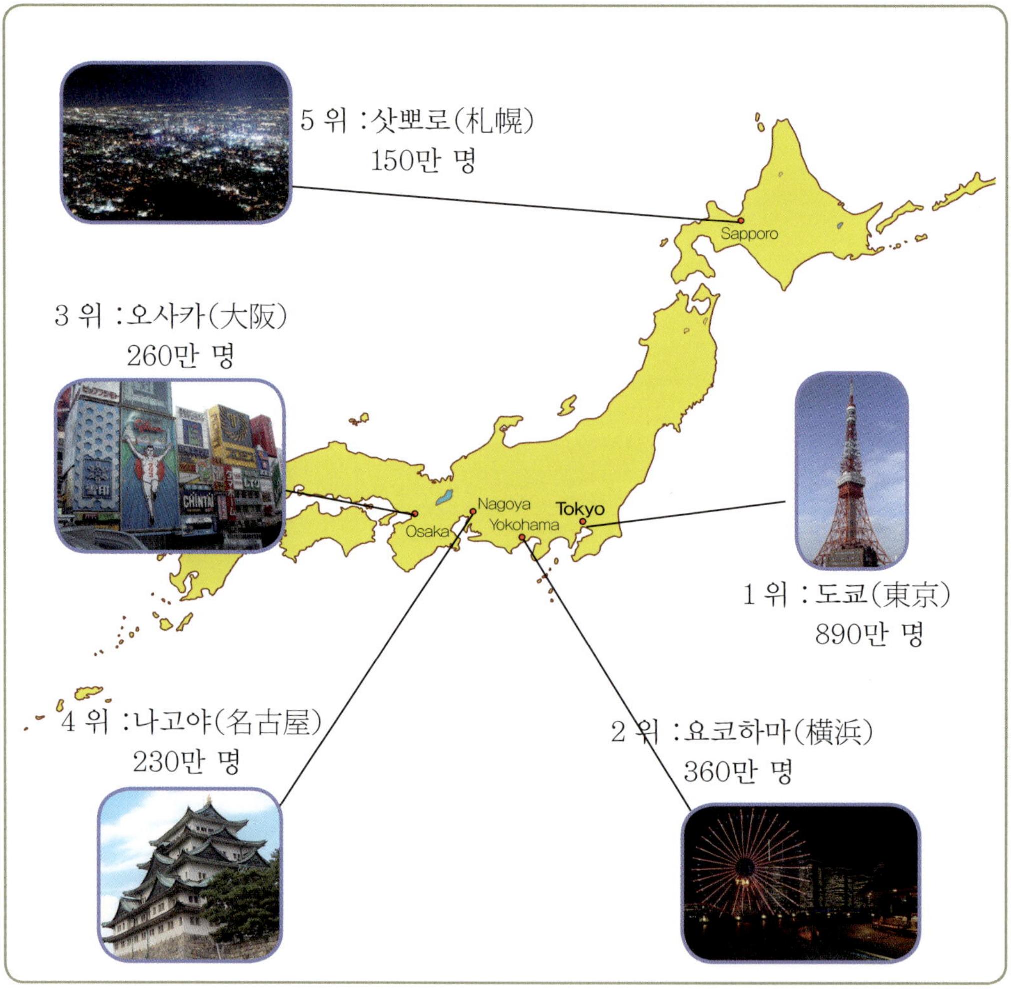

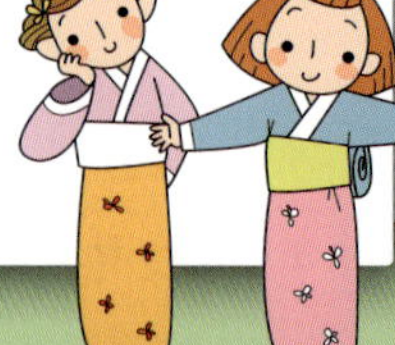

## 일본인의 성은 무려 13만 개?

일본에서는 1868년 메이지(明治)유신 이전에는 일반 평민들은 성이 없었고, 농민이나 어민들은 지명을 붙여 'ㅇㅇ에 사는 太助', 'ㅇㅇ에 사는 五平'라고 불렀다. 일본인들의 성은 85%가 토지에 관련되어 있다고 하는데, 그 수는 13만 개 정도이지만, 읽는 방법을 따로 세면 약 30만 개가 존재한다고 한다.

일본인에게 많은 성과 많이 붙여진 아이들의 이름

| 순위 | 성 | 남자 이름 | 여자 이름 |
| --- | --- | --- | --- |
| 第1位 | 佐藤(さとう) | 蓮(れん) | 陽菜(ひな) |
| 第2位 | 鈴木(すずき) | 大翔(ひろと) | 凛(りん) |
| 第3位 | 高橋(たかはし) | 陽向(ひなた) | 結菜(ゆな) |
| 第4位 | 田中(たなか) | 陽太(ひなた) | 葵(あおい) |
| 第5位 | 渡辺(わたなべ) | 悠真(ゆうま) | 結愛(ゆあ) |
| 第6位 | 伊藤(いとう) | 湊(みなと) | 愛莉(あいり) |
| 第7位 | 中村(なかむら) | 悠人(ゆうと) | 三咲(みさき) |
| 第8位 | 小林(こばやし) | 陸(りく) | 結衣(ゆい) |
| 第9位 | 山本(やまもと) | 駿(しゅん) | 桜(さくら) |
| 第10位 | 加藤(かとう) | 朝陽(あさひ) | 杏(あんず)・<br>小春(こはる) など |

자료 출처 : 메이지야스다 생명 ( 明治安田生命 ) 2013〜2014

# 음성

| | あ단 | い단 | う단 | え단 | お단 |
|---|---|---|---|---|---|
| あ행 | あ<br>[a] | い<br>[i] | う *<br>[ɯ] | え<br>[e] | お<br>[o] |
| か행 | か<br>[ka] | き<br>[ki] | く<br>[kɯ] | け<br>[ke] | こ<br>[ko] |
| さ행 | さ<br>[sa] | し<br>[si] | す<br>[sɯ] | せ<br>[se] | そ<br>[so] |
| た행 | た<br>[ta] | ち **<br>[thi] | つ **<br>[tsɯ] | て<br>[te] | と<br>[to] |
| な행 | な<br>[na] | に<br>[ni] | ぬ<br>[nɯ] | ね<br>[ne] | の<br>[no] |
| は행 | は<br>[ha] | ひ<br>[çi] | ふ<br>[ɸɯ] | へ<br>[he] | ほ<br>[ho] |
| ま행 | ま<br>[ma] | み<br>[mi] | む<br>[mɯ] | め<br>[me] | も<br>[mo] |
| や행 | や<br>[ya] | | ゆ<br>[yɯ] | | よ<br>[yo] |
| ら행 | ら ***<br>[ra] | り<br>[ri] | る<br>[rɯ] | れ<br>[re] | ろ<br>[ro] |
| わ행 | わ<br>[wa] | | | | を<br>[o] |
| | ん<br>[N] | | | | |

위의 표의 [　]는 일본어 발음을 표시한 것이다. 한국인들이 주의해야 할 발음은 다음과 같다.

* 으 (う [ɯ]) : 한국어의 '으'와 '우'의 중간음

** 치(ち), 츠(つ) : 한국어 '찌', '쯔', '쭈'가 아니라 '치', '츠'에 가까운 음

*** 탄음(弾音) 라(ら)의 발음은 한국어 '라'가 아니라 혀를 튕겨주어야 하는 음

## ❷ 음성

### (1) 리듬



일본어의 리듬을 만드는 중요한 단위에는 「박(拍)−모라(mora)」가 있다. 일본어 발음의 특징은 기관총을 쏘는 듯한 리듬으로 1박의 길이는 거의 비슷하다. 이 박을 이해하기 위해서는 일상 회화에서 리듬을 도입하는 것이 좋다. 또한 한국어에 비해 일본어는 전체적으로 조금 높게 발음되며 한국어를 음계로 도라고 하면 일본어는 미라고 할 수 있다.

❶ おはようございます。 안녕하세요. (아침인사)

❷ ありがとうございます。 감사합니다.

❸ どうぞ よろしく おねがいします。 잘 부탁합니다.

### (2) 악센트



일본어는 발음을 높게 하느냐 낮게 하느냐에 따라 의미가 달라져 고저악센트언어라고 한다. 이에 반해 한국어는 무악센트언어, 영어는 강약악센트언어, 중국어는 성조악센트언어라고 한다.

❶ あめ 사탕 : あめ 비

❷ かき 감 : かき 굴

❸ さけ 술 : さけ 연어

❹ はし 다리 : はし 젓가락

## (3) 특수박

일본어에는 발음을 길게 하느냐 짧게 하느냐에 따라 의미가 달라진다. 이것을 특수박 이라고
하여 2박의 길이를 갖는다. 특수박에는 장음(長音), 촉음(促音), 발음(撥音)이 있다.


### ♥ 장음 (長音)  🔊 14

일본어 장음에는 '아- (ああ)', '이- (いい)', '으- (うう)', '에- (ええ)', '오- (おお)'가 있어
2박의 길이로 발음한다. 일본어에서는 이 장음을 짧게 발음하면 의미가 달라지기 때문에
2박으로 발음하는 것은 매우 중요하다. 그리고 장음에서는 표기와 발음이 다른 것이 두 가
지가 있다. 그것은 え단의 뒤에 い가 오면 '에- (え)'를 길게 2박으로(せんせい [seNse:]),
お단의 뒤에 う가 오면 '오- (お)'를 길게 2박으로(どうぞ [do:zo]) 주의해서 발음해야 한다.

❶ おばさん 아주머니 (4박)　　:　おばあさん 할머니 (5박)

❷ おじさん 아저씨 (4박)　　:　おじいさん 할아버지 (5박)

❸ ゆき 눈(snow) (2박)　　:　ゆうき 용기 (3박)

❹ え 그림 (1박)　　:　ええ 네 (2박)

❺ とる 집다 (2박)　　:　とおる 지나가다 (3박)

❻ へや 방 (2박)　　:　へいや 평야 (3박)

❼ ここ 여기 (2박)　　:　こうこう 고등학교 (4박)

## ♥ 촉음 (促音)　　　　　　　　　　　　　　◀)) 15

일본어 발음에서 소문자 가나 '츠(っ)'는 1박의 길이를 갖는다. 이 촉음을 한국인들은 한국어의 받침과 같이 생각하여 짧게 발음하는 경향이 있으나 일본어에서는 장음과 같이 1박으로 발음하지 않으면 의미가 달라지기 때문에 주의해야 한다.

**❶** した 했다 (2박)　　　　　: しった 알았다 (3박)

**❷** おと 소리 (2박)　　　　　: おっと 남편 (3박)

**❸** ぶか 부하 (2박)　　　　　: ぶっか 물가 (3박)

**❹** しゅちょう 주장 (3박)　　: しゅっちょう 출장 (4박)

**❺** きて 와 (2박)　　　　　　: きって 우표 (3박)


## ♥ 발음 (撥音)　　　　　　　　　　　　　　◀)) 16

일본어의 '응 (ん)'은 어두에는 오지 않지만 1박의 길이를 갖는다. 이것을 한국인들은 받침으로 생각하여 짧게 발음하는 경향이 있으나 일본어에서는 1박으로 발음하지 않으면 의미가 달라지기 때문에 주의해서 발음해야 한다.

**❶** かばん 가방 (3박)　　　: かんばん 간판 (4박)

**❷** げき 연극 (2박)　　　　: げんき 건강 (3박)

**❸** しろ 하양 (2박)　　　　: しんろ 진로 (3박)

**❹** しわ 주름 (2박)　　　　: しんわ 신화 (3박)

## (4) 요음 (拗音)　　　　　　　　　　　　　　　🔊 17

일본어에서 반모음 '야(ゃ), 유(ゅ), 요(ょ)'는 특수박(장음 ,촉음, 발음)과 달리 1박의 길이로 발음하지 않는다.

- ❶ ひやく 비약 (3박)　　　　 ： ひゃく 백 (2박)

- ❷ じゆう 자유 (3박)　　　　 ： じゅう 십 (2박)

- ❸ びようい ん 미장원 (5박) ： びょういん 병원 (4박)


## (5) 모음의 무성화　　　　　　　　　　　　　　🔊 18

소리가 있는 유성음인 모음이 소리가 없어져 무성음이 되는 것을 '모음의 무성화'라고 한다. 구체적으로는 좁은 모음 '이 [i]', '으 [ɯ]'가 무성자음 사이에 오거나 단어 뒤, 문장 끝에서 무성음화 되는 현상이다.
한국어의 '칙칙하다'와 '축축하다'에서도 모음의 무성화가 일어난다. 특히 이 현상은 동경방언(표준어)을 말할 때 매우 중요한 발음이다.

- ❶ す き　[sɯ̥ki] 좋아함

- ❷ く ち　[kɯ̥tʃi] 입

- ❸ く つした　[kɯ̥tsɯ̥ʃita] 양말

- ❹ い きます　[ikimasɯ̥] 갑니다

  ＊ 모음의 무성화가 일어났을 때는 무성화가 일어나는 모음 밑에 [ ₒ ]로 표기한다.

# 한국인의 억양

**音声 (発音) ワンポイント**

일본어 리듬을 살리는 데는 박의 길이가 중요하다. 또 일본어 리듬은 산(山)모양의 일본어 히라가나 '헤(へ)'자와 비슷하기 때문에 「へ(헤)자형 인터네이션」이라고도 부른다. 단어 악센트나 강조하고 싶은 말에 따라 인터네이션은 바뀌기도 한다.

## 한국사람이 일본에서 놀라는 것

1. 자동판매기

바나나 자판기     문고판 서적     컵라면 자판기

(한 개 130엔, 한 다발 380엔)

2. 현란한 불빛의 파칭코

여러 게임 광고가
붙은 입구

영업은 10시부터.
대낮에도 이렇게
많은 사람이?

저녁이 되면
휘황찬란한 불빛.
영업은
저녁 11시45분 까지

3. 끝없는 줄 – 점심 한 번 먹기 진짜 힘들다. 유명한 집은 10분 기다리는 건 보통.

4. 테이블 주문기 – 인건비가 비싸서 그러나? 아무튼 편리하네.

5. 분리된 양변기와 세면대 – 참 실용적이군! 급할 때 싸울 필요도 없고.

6. 철저한 각자 계산 – 1 엔까지?

  1) 한 사람씩 자기 것을 계산하는 방법

  2) 한 사람이 전체 금액을 내고 나와서 각자 그 사람에게 자기 것을 계산해서
     주는 방법 – 우리처럼 테이블에서 모아서 내지는 않는다.

**1**　아침(인사)

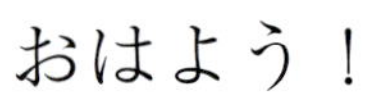

**2**　점심(인사)

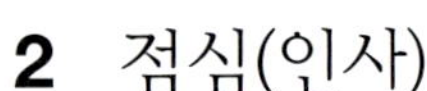


**3**　저녁(인사)

**4** 헤어질 때

**5** 감사할 때

**6** 사과할 때

**7** 방문할 때

**8** 권할 때

**9** 식사할 때

# 인사 표현 분류

| 윗사람에게 | 친구나 아랫사람에게 | 뜻 |
| --- | --- | --- |
| おはようございます。 | おはよう。 | 인사 (아침) |
| こんにちは。 | こんにちは。 | 인사 (점심) |
| こんばんは。 | こんばんは。 | 인사 (저녁, 밤) |
| <sup>しつれい</sup>失礼します。 | さようなら。<br>バイバイ。<br>じゃあね。 | 헤어질 때 * |
| ありがとうございます。 | ありがとう。 | 감사할 때 |
| すみません。 | ごめん (ごめんなさい)。 | 사과할 때 |
| <sup>しつれい</sup>失礼します。 | ちょっといい？ | 방문할 때 |
| どうぞ。 | どうぞ。 | 권할 때 ** |
| いただきます。 | いただきます。 | 식사 (잘 먹겠습니다.) |
| ごちそうさまでした。 | ごちそうさま。 | 식사 (잘 먹었습니다.) |

* 「さようなら」는 오랜 기간 헤어질 경우에 사용 하는 말로, 일상적으로는 「じゃ、また」「では/じゃ」「失礼します」 등을 쓴다.

** 상대방에게 권할 때 쓴다.

🔊 20

❶ 聞いて ください。 들어 주세요 / 물어 주세요

❷ 見て ください。 봐 주세요

❸ 言って ください。 말해 주세요

❹ 読んで ください。 읽어 주세요

❺ 書いて ください。 써 주세요

❻ 開いて ください。／ 開けて ください。 펴 주세요

❼ 閉じて ください。 덮어 주세요

❽ 来て ください。 와 주세요

❾ 覚えて ください。 기억해 주세요

⑩ もう 一度 言って ください。다시 한 번 말해 주세요.

⑪ もっと ゆっくり 言って ください。더 천천히 말해 주세요.

⑫ 始めましょう。/ 終わりましょう。시작합시다. / 끝냅시다.

⑬ 休みましょう。쉽시다.

⑭ わかりましたか。알겠습니까?

　－ はい、わかりました。예, 알겠습니다.

　－ いいえ、わかりません。아니요, 모르겠습니다(이해가 안갑니다).

⑮ 大丈夫ですか。괜찮습니까?

⑯ 試験・宿題・質問・名前・例 시험, 숙제, 질문, 이름, 예

⑰

| ・ゼロ | ・いち | ・に | ・さん | ・よん／し | ・ご |
|---|---|---|---|---|---|
| 0 | 1 | 2 | 3 | 4 | 5 |

| ・ろく | ・なな／しち | ・はち | ・きゅう／く | ・じゅう |
|---|---|---|---|---|
| 6 | 7 | 8 | 9 | 10 |

거래처 동료들 ←　　　　　→ 대학 친구들(후배들)

최준수 (25歳)
チェ・ジュンス
会社員

## 会社員

△△会社 ← 거래처 → ◆◆会社

김민수 (25歳)
キム・ミンス

이순희 (24歳)
イ・スンヒ

스즈키 리카 (26歳)
すずき
鈴木 リカ

사이토 다카시 (24歳)
さいとう
斉藤 たかし

## 大学生

기무라 쥰이치
(4年生・22歳)
き むら じゅんいち
木村 順一

박유미
(2年生・20歳)
パク・ユミ

배상민
(3年生・21歳)
ペ・サンミン
※ Ⅱ권에 등장

다나카 유미
(2年生・20歳)
た なか ゆ み
田中 由美

# <ruby>私<rt>わたし</rt></ruby>は <ruby>斉藤<rt>さいとう</rt></ruby>です。

韓国（かんこく）

韓国人（かんこくじん）

日本（にほん）

日本人（にほんじん）

会社（かいしゃ）

会社員（かいしゃいん）

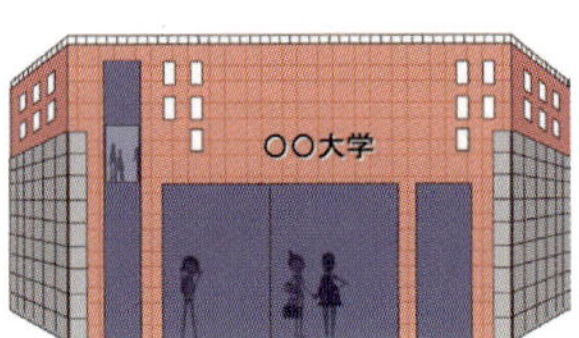

大学（だいがく）

大学生（だいがくせい）

留学生（りゅうがくせい）

🔊 22

**1** 私は 韓国人です。

**2** 日本は 初めてですか。

**3** 日本は 初めてじゃ ありません。

**4** 本田さんの ご出身は どちらです(か)。

**5** チェさんも 学生ですか。

🔊 23

イ ： 初めまして。イスンヒです。

斉藤： えっ。イ、スヒさんですか。

イ ： いいえ、ス・ヒじゃ ありません。ス・ン・ヒです。

斉藤： ああ、ス・ン・ヒさんですね。

イ ： はい。イ・スン・ヒです。

　　　どうぞ よろしく お願いします。

斉藤： 私は 斉藤です。よろしく お願いします。

イ ： さとうさんですか。

斉藤： いいえ、さ・い・と・うです。

イ ： ああ、斉藤さん。よろしくお願いします。

**단어**  初(はじ)めまして 처음 뵙겠습니다(처음 만났을 때 하는 말) ｜ 〜です 입니다 ｜ えっ 네/예? (의아해서 물을 때) ｜ さん 〜씨(성이나 이름에 붙이는 말) ｜ 〜ですか 〜입니까? ｜ いいえ 아니요 ｜ 〜じゃ ありません 〜가 아닙니다(「では ありません」의 준말) ｜ ああ 아(가볍게 감탄을 나타내는 말) ｜ 〜ね 〜죠?(말하는 이가 상대방의 동의를 구하거나 확인할 때 사용하는 말) ｜ はい 네 ｜ どうぞ 아무쪼록 ｜ よろしく 잘 ｜ お願(ねが)いします 부탁합니다 ｜ 〜は 〜는/은 ｜ 私(わたし) 나, 저

## 1 　～は …です 　　　～은/는 ～입니다

조사 「～は」는 한국어의 '～은/는'으로 해석되며('～이/가'는 「～が」) 그 앞의 명사가 문장의 주제임을 나타낸다. 「～は」가 조사로 쓰일 때는 [wa]로 읽는다. 「～です」는 명사 다음에 붙어 '～입니다'라는 뜻을 나타내는 서술어로 정중한 단정을 나타낸다.

- スミスさんは アメリカ人です。 스미스 씨는 미국인입니다.
  鈴木さんは 会社員です。 스즈키 씨는 회사원입니다.

## 2 　～は …ですか 　　　～은/는 ～입니까?

조사 「～か」는 문장 끝에 붙어 의문형을 만드는데 쓰인다. 일본어에서는 의문부호 「?」는 동반하지 않고 마침표인 「。」로 끝나며 문말 억양은 상승조가 된다. 의문문에 대해서는 긍정이면 「はい」, 부정이면 「いいえ」로 대답한다.

- スミスさんは アメリカ人ですか。 스미스 씨는 미국인입니까?
  はい、アメリカ人です。 네, 미국인입니다.
- ワンさんは 研修生ですか。 왕 씨는 연수생입니까?
  いいえ、ワンさんは 会社員です。 아니요, 왕 씨는 회사원입니다.

**3**  〜は …じゃ ありません    〜은/는 〜이/가 아닙니다

「〜じゃ ありません」은「〜では ありません」의 준말이다.「〜です」의 부정표현으로 우리말의 '〜이(은) 아닙니다'에 해당되는 표현이다.

私は 2年生じゃ ありません。  나는 2학년이 아닙니다.
天野さんは 大学生じゃ ありません。  아마노 씨는 대학생이 아닙니다.


**4**  〜の    〜의 (응용회화 1)

일본어에서는 명사와 명사를 연결할 때「の」를 사용한다. 고유명사나 복합어를 사용하는 경우 이외에는 명사와 명사가 연결될 때는 반드시「の」를 넣어서 사용해야 한다. 한국어의 명사 연결과 다르기 때문에 잘못 사용하는 경우가 많으므로 유의해야 한다.

中村さんの 車  나카무라 씨의 자동차
田中先生の 説明  다나카 선생님의 설명
日本語の 辞書  일본어 사전
社長の 橋本さん  사장인 하시모토 씨

## 5  はい / いいえ　　　네 / 아니요

긍정의 대답을 할 때는 「はい」, 부정의 대답을 할 때는 「いいえ」를 사용한다. 「はい」 대신 「うん (응)」,
「いいえ」 대신 「いや (아니)」를 사용할 수 있으며, 「うん」「いや」는 친구들이나 가까운 사이에 사용한다.

## 6  さん　　　～씨

일본어에서는 상대방의 성명 뒤에 「さん」을 붙인다. 경의를 나타내는 접미사 「さん」은 성이나 이름에
다 사용할 수 있다. 또한 사람을 나타내는 명사(신분, 자격 등), 혹은 인격화된 명사에 붙일 수 있다.
일본어에서는 상대방을 부를 때 1인칭 「私」의 대칭의 의도로 2인칭 「あなた」를 사용하는 것은 실례인
경우가 많으므로 주의가 필요하다.

- 中野さん 나카노 씨　　　中野みどりさん 나카노 미도리 씨

  みどりさん 미도리 씨　　　社長さん 사장님

## 7  ～も　　　～도 (응용회화 1)

조사 「も」는 한국어의 '도'에 해당하는 조사로 그와 같은 것이 그 밖에도 또 있다는 것을 나타낸다.

- 中野さんも 2年生ですか。 나카노 씨도 2학년입니까?

  いいえ、1年生です。 아니요, 1학년입니다.
- 金さんは 留学生です。 김 씨는 유학생입니다.

  ワンさんも 留学生ですか。 왕 씨도 유학생입니까?

# 私の 友達です。

🔊 24

木村：田中さん、こちら、チェさんです。私の 友達です。

チェ：初めまして。チェジュンスです。私は 韓国人です。

田中：韓国の 方ですか。初めまして。田中由美です。

チェさんも 学生ですか。

チェ：いいえ、私は 会社員です。田中さんは？

田中：私は 学生です。じゃ、チェさん、今 旅行ですか。

チェ：はい、そうです。

田中：いいですね。日本は 初めてですか。

チェ：いいえ、初めてじゃ ありません。

田中：そうですか。ご出身は？

チェ：ソウルです。田中さんの ご出身は どちらですか。

田中：千葉県です。ディズニーランドで 有名です。

よろしく お願いします。

チェ：こちらこそ、よろしく お願いします。

こちら 이쪽 | 〜の 〜의 | 友達(ともだち) 친구 | 韓国人(かんこくじん) 한국인 | 方(かた) 분 | 〜も 〜도 |
学生(がくせい) 학생 | 会社員(かいしゃいん) 회사원 | じゃ 그럼 | 今(いま) 지금, 현재 | 旅行(りょこう) 여행 |
そうです 그렇습니다 | いいですね 좋군요 | 日本(にほん) 일본 | 初(はじ)めて 처음 | 出身(しゅっしん) 출신 |
「ごしゅっしん」의 「ご」는 존경의 접두사) | ソウル 서울 | どちら 어디 | 千葉県(ちばけん) 치바현(일본의 지명) |
ディズニーランド 디즈니랜드 | 〜で 〜(으)로 | 有名(ゆうめい)だ 유명하다 | 〜こそ 〜야말로

🔊 25

パク： みなさん、初（はじ）めまして。

パクユミと 申（もう）します。韓国（かんこく）から 来（き）ました。

どうぞ よろしく お願（ねが）いします。

田中（たなか）： えっ、私（わたし）も「ゆみ」です。田中由美（たなかゆみ）です。

パク： そうですか。よろしく お願（ねが）いします。由美（ゆみ）さん。

田中（たなか）： こちらこそ よろしく お願（ねが）いします。

ユミさん、学部（がくぶ）は どちらですか。

パク： 経済学部（けいざいがくぶ）です。２年生（にねんせい）です。

田中（たなか）： ええっ、私（わたし）も 経済学部（けいざいがくぶ）です。２年生（にねんせい）です。

へえ、よろしく！

단어  みなさん 여러분  |  ～と ～라고  |  申(もう)します 합니다, 「言(い)う 말하다」의 겸양형  |  韓国(かんこく) 한국  |  から ～에서, ～부터  |  来(き)ました 왔습니다, 「来(き)ます 옵니다」의 과거형,  |  学部(がくぶ) 학부  |  経済学部(けいざいがくぶ) 경제학부  |  2年生(にねんせい) 2학년  |  ええっ 네?/예? (ええっ은 여기서는 놀라움을 나타낸다. 긍정이나 수긍할 때는 ええ라고 한다)  |  へえ 허~/저런 그랬었나 (감동하거나 놀랐을 때)

**1**

ドイツは 初めてですか。
はい、そうです。

**2**

本田さんは
おいくつですか。
１７才です。

**3**

中村さんも 学生ですか。
いいえ、会社員です。

**4**

**5**

(1~3) 주어진 단어를 사용하여 연습하세요.

**1**

____________ は(も) ____________ です。

**2**

A : ____________ は ____________ ですか。

B : はい、____________ です。

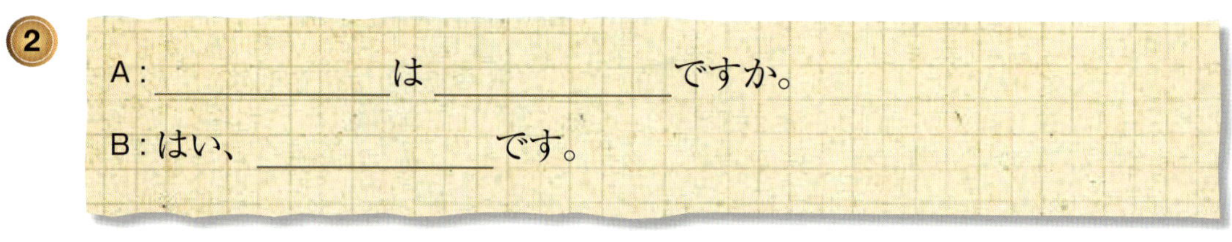
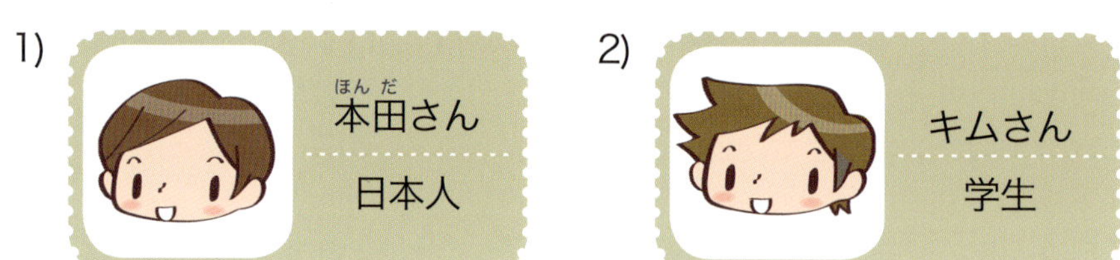

3)

イさん
医者

4)

ワンさん
中国人

**3**

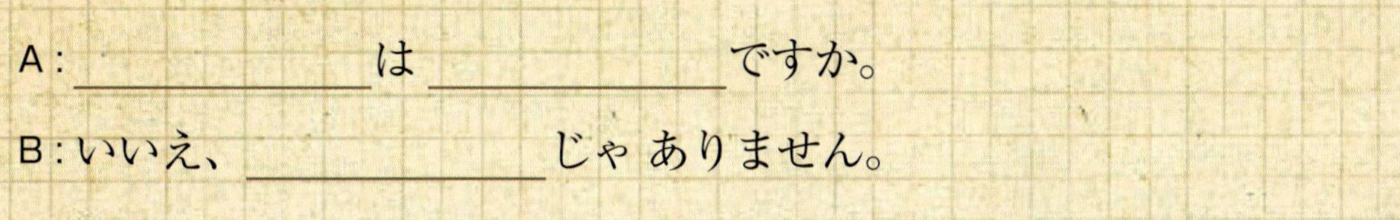


1)

李さん
韓国人

2)

本田さん
学生

3)

斉藤さん
医者

4)

木村（きむら）さん
会社員

□ 日本人(にほんじん) 일본사람　□ 医者(いしゃ) 의사　□ 中国人(ちゅうごくじん) 중국사람

# 회화연습

**(1~4) 다음을 보기와 같이 바꾸어 연습하세요.**

① 

A : 木村
B : 日本



A : <u>木村</u>さんの お国は どちらですか。

B : <u>日本</u>です。

1) 

A : イ
B : 韓国

2) 

A : スミス
B : アメリカ

3) 

A : ワン
B : 中国

② 

A : チェジュンス / 韓国人
B : 韓国の方 / 田中由美



A : はじめまして。<u>チェジュンス</u>です。

私は <u>韓国人</u>です。

B : <u>韓国の方</u>ですか。はじめまして。

<u>田中由美</u>です。

1) A：木村翔太 / 日本人　　B：日本の方 / イユミ

2) A：ワンミン / 中国人　　B：中国の方 / 田中みのる

3) A：ジョン / アメリカ人　　B：アメリカの方 / キムスヒ

**3**

A：田中 / パク
B：パクスホ
C：田中由美



A：田中さん、こちら、パクさんです。
　　私の 友達です。
B：はじめまして。パクスホです。
　　どうぞ よろしく お願いします。
C：はじめまして。田中由美です。
　　こちらこそ、よろしく お願いします。

1) A：木村 / イ　　B：イスンヒ　　C：木村翼

2) A：チン / チェ　　B：チェジュンス　　C：チンレイ

3) A：佐藤 / マーク　　B：マーク　　C：佐藤愛

□ **お国**(くに) 고향, 나라　□ **中国**(ちゅうごく) 중국　□ **アメリカ人**(じん) 미국사람　□ **友達**(ともだち) 친구

④ 

A：田中

B：千葉県

ディズニーランド



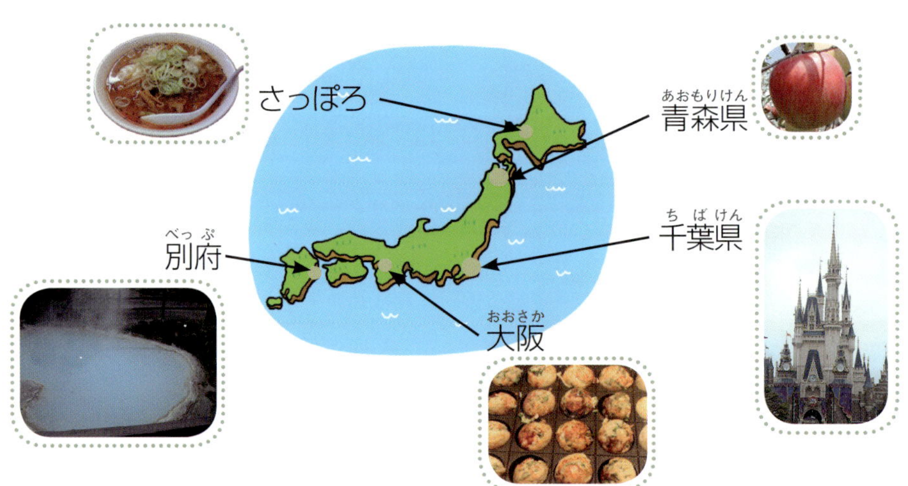


1) A：本田　　　　B：青森県 / りんご
（あおもりけん）

2) A：佐藤　　　　B：さっぽろ / ラーメン

3) A：木村　　　　B：別府 / 温泉
（べっぷ）（おんせん）

4) A：斉藤　　　　B：大阪 / たこやき
（おおさか）

**5** 친구끼리 자기 소개를 하세요.

**6** 보기와 같이 자신의 명함을 만들어 자기소개를 해 보세요.

□ **青森県**(あおもり) 아오모리 현(지명)　□ **りんご** 사과　□ **さっぽろ** 삿뽀로(지명)　□ **ラーメン** 라면
□ **別府**(べっぷ) 벳푸(지명)　□ **温泉**(おんせん) 온천　□ **大阪**(おおさか) 오사카(지명)　□ **たこやき** 타코야키
□ **留学生**(りゅうがくせい) 유학생　□ **専門**(せんもん) 전공　□ **経済学**(けいざいがく) 경제학

듣기연습

🔊 27

**1** 다음 대화를 잘 듣고 맞는 내용에 V를 하세요.

예
① 韓国人　　☑ 日本人　　③ アメリカ人　　④ 中国人

1) ① 学生　　　　② 会社員　　　③ 医者
2) ① 経営学部　　② 経済学部　　③ 社会学部
3) ① さとう　　　② さいとう　　③ かとう
4) ① 2年生　　　② 3年生　　　③ 1年生

**2** 다음 대화를 잘 듣고 상황에 어울리는 장면에 V를 하세요.

1)

2) 

**3** 다음 내용을 잘 듣고 맞으면 O, 틀리면 X를 하세요.

예
(　○　)

1) (　　　)　　　2) (　　　)　　　3) (　　　)

**응용** 지금까지 배운 내용을 잘 생각하며 다음 회화 표현을 쓰고 말해 보세요.

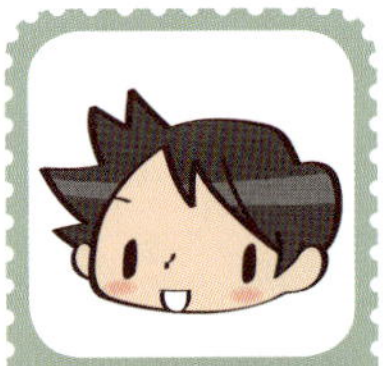

| | |
|---|---|
| チェ<br>韓国人 | ・はじめまして。チェです。<br>韓国人です。<br>どうぞ よろしく お願いします。 |

1)

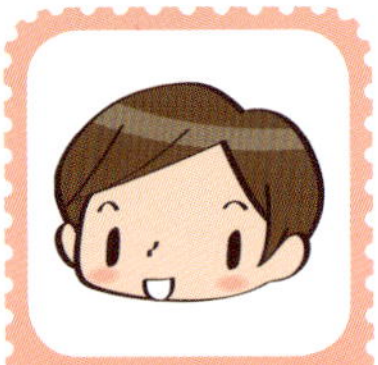

| | |
|---|---|
| ほん だ<br>本田<br>日本人 | ・ |

2)

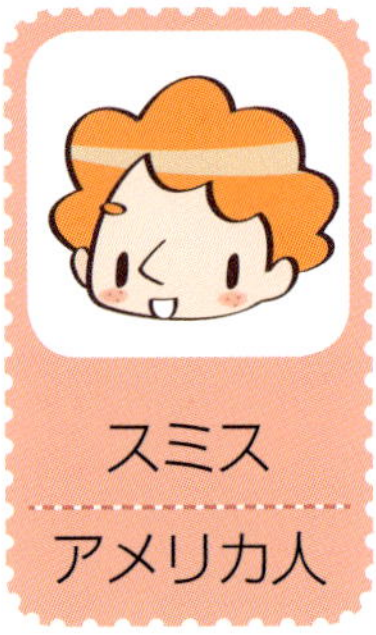

| | |
|---|---|
| スミス<br>アメリカ人 | ・ |

3)

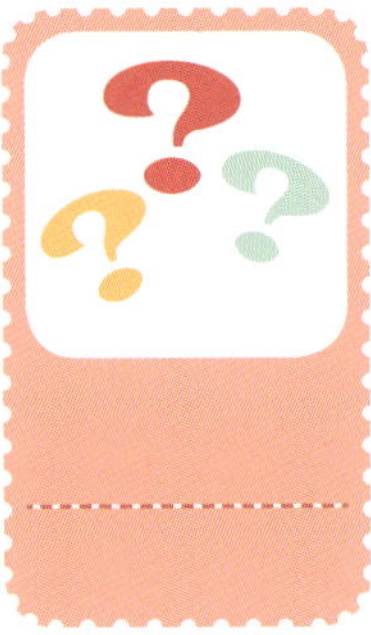

| | |
|---|---|
| ？？？ | ・ |

## 한국 かんこく : 감옥 かんごく

### 音声（発音）ワンポイント

일본어 발음에서 목의 성대가 떨리는 것을 **유성음(탁음)**이라 하고 떨리지 않는 것을 **무성음(청음)**이라 한다.  일본어에서는 '**한국(かんこく)**'이나 '**감옥(かんごく)**'과 같이 무성음이냐 유성음이냐에 따라 의미가 달라진다.

## 일본인과 첫 대면 시 에티켓

① 눈은 상대방의 눈과 눈 사이 정도에 둔다.

( ✖ )　　　　　　　　　　( ● )

② 일본인들은 대학생이라도 기본적으로 명함을 주고 받으며 인사한다.

③ 명함은 정중히 두 손으로 받고 천천히 살펴보고 조심스레 자신의 명함지갑에
　넣는다.

( ✖ )　　　　　　　　　　( ● )

④ 옆집 사람과 마주쳤을 때는 간단하면서 형식적으로 묻고 대답한다.

# あっ！ あれは トロですね。

**5, 6과**　🔊 28

すし

ケータイ

イクラ

えん

（お）さけ

おいしいです

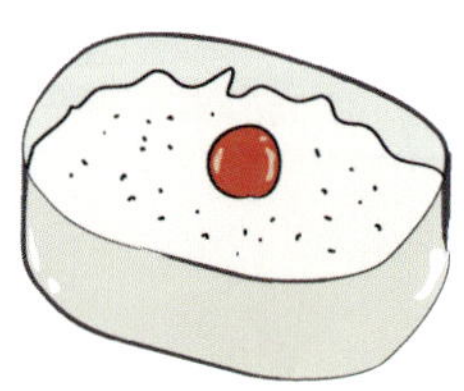

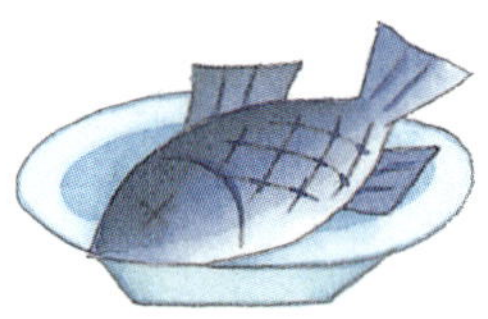

うめぼし

さかな

ラーメン

🔊 29

**1**　これは イクラです(よ)。

**2**　その 白い 魚です(よ)。

**3**　それは 何ですか。

**4**　それは だれの ケータイですか。

**5**　私のです。

# 회전초밥 집에서

🔊 30

キム： あっ！ あれは トロですね。

鈴木： そうですね。中トロですね。

キム： じゃ、今度は あの 中トロに します。

　　　 …うーん、おいしい。

　　　 おっ、鈴木さん、それは 何ですか。

鈴木： これですか。これは イクラですよ。

キム： イクラ？

鈴木： ええ。サケの たまごですよ。

キム： さけの たまごですか。

鈴木： いいえ、さけじゃ ありません。サケですよ。

キム： そのイクラ、いくらですか。

鈴木： 100円ですよ。これも おいしいですよ。

단어
あっ 앗(감동하거나 놀랐을 때) │ あれ 저것 │ トロ 참치 살의 부위(뱃살) │ 中(ちゅう)トロ 참치 살의 부위(중뱃살) │
今度(こんど) 이번, 금번 │ あの 저 │ 〜に します 〜로 하겠습니다 │ おいしい 맛있다 │ それ 그것 │
何(なん) 무엇 │ これ 이것 │ イクラ 연어알 │ ええ 예/네 (긍정·승낙 등을 나타내는 대답) │ サケ 연어 │
卵(たまご) 알 │ さけ 술 │ いくら 얼마 │ 〜円(えん) 엔(일본에서 사용하는 돈의 단위)

## 1 これ / それ / あれ / どれ  〈지시대명사〉 이것 / 그것 / 저것 / 어느 것

「これ / それ / あれ / どれ」는 사물을 가리키는 지시대명사로 '이것 / 그것 / 저것 / 어느 것'으로 해석된다. 지시대명사는 장소와 방향을 나타낼 때에도 '근칭·중칭·원칭·부정칭'에 따라 「コ·ソ·ア·ド」의 순으로 체계를 이룬다.

|  | こ | そ | あ | ど |
|---|---|---|---|---|
| 사물 | これ 이것 | それ 그것 | あれ 저것 | どれ 어느 것 |
| 장소 | ここ 여기 | そこ 거기 | あそこ 저기 | どこ 어디 |
| 방향 | こちら 이쪽<br>(こっち) | そちら 그쪽<br>(そっち) | あちら 저쪽<br>(あっち) | どちら 어느 쪽<br>(どっち) |

## 2 この / その / あの / どの  이~ / 그~ / 저~ / 어느~

「コ·ソ·ア·ド」의 체계를 이루고 있지만, 대명사(代名詞)가 아니고 연체사인 점에 주의해야 한다.

| 연체사 | この 이 · その 그 · あの 저 · どの 어느<br>こんな 이런 · そんな 그런 · あんな 저런 · どんな 어떤 |
|---|---|
| 부사 | こう 이렇게 · そう 그렇게 · ああ 저렇게 · どう 어떻게<br>こんなに 이렇게까지 · そんなに 그렇게까지 · あんなに 저렇게까지 ·<br>どんなに 아무리 |

**3** わたし　〈인칭대명사〉 나

| 1인칭 | わたし 나・わたくし 저・ぼく 나・おれ 나 |
|---|---|
| 2인칭 | あなた 당신・きみ 자네・おまえ 너 |
| 3인칭 | 彼[かれ] 그・彼女[かのじょ] 그녀<br>この人[ひと] 이 사람・その人[ひと] 그 사람・あの人[ひと] 저 사람<br>この方[かた] 이분・その方[かた] 그분・あの方[かた] 저분 |
| 부정칭 | だれ 누구・どなた 어느 분・どの方[かた] 어느 분 |

## 1인칭

'나(わたし)'의 복수는 복수를 나타내는 접미사 「たち」를 붙이면 된다.

••• わたしたち 우리들

'저(わたくし)'는 '나(わたし)'의 정중어이다.

「ぼく、おれ」는 남자들이 사용하는 단어로, 동료나 아랫사람에게 하는 말이다.

## 2인칭

'당신(あなた)'은 자신과 동등하거나 아랫사람에게 사용하고, 윗사람에게는 사용해서는 안 된다.

자네(きみ), 너(おまえ)는 같은 연배나 아랫사람을 부르는 친밀감 있는 말투로, 남자들이 사용한다.

## 3인칭

3인칭의 사람을 가리킬 때에는 「この人[ひと]、その人[ひと]、あの人[ひと]」「この方[かた]、その方[かた]、あの方[かた]」로 표현하기도 하고 남자인 경우는 「彼[かれ]」, 여자인 경우는 「彼女[かのじょ]」라고 표현하기도 한다.

* 「彼氏[かれし]」는 '남자 애인'을, 「彼女[かのじょ]」는 '여자 애인'을 말하기도 한다.

## 4 ありがとうございます　　고맙습니다

고마움을 표시하는 인사말은 「ありがとうございます」 외에도 상황에 따라 「どうも」「どうも あり
がとう」「どうも ありがとうございます」「どうも ありがとうございました」 등을 사용한다.

## 5 ～の　　～의 것 (応用会話1)

「の」는 소유격 조사의 용법과 형식명사(形式名詞)의 용법이 있다.
「～の」의 형식명사 용법은 인칭대명사, 사람을 가리키는 말 또는 이에 준하는 말에 붙어 '～의 것'의 뜻
을 나타낸다. 이때는 「の+(명사)」에서 「명사」에 준하는 말이 생략된 것으로 이해된다.

- これは だれの ケータイですか。 이것은 누구의 핸드폰입니까?
  それは 本田さんのです。 그것은 혼다 씨의 것입니다.

## 6 ～は 何ですか　　～은/는 무엇입니까?

「～は 何ですか」는 대상이 되는 사물에 대해 알고 싶을 때 사용하는 표현이다. 「何」는 '무엇'이라는 의
미의 의문사이며 「なに」「なん」으로 읽는다.

- これは 何ですか。 이것은 무엇입니까?
  それは 雑誌です。 그것은 잡지입니다.

••• あれは 何<ruby>なん</ruby>ですか。 저것은 무엇입니까?

あれは テレビです。 저것은 텔레비전입니다.

**7** ～で  ～해서 / ～에 （応用会話2）

「～で」는 합계나 한도, 사정·상태를 나타내는 조사이다.

••• 三<ruby>みっ</ruby>つで 1,000円<ruby>えん</ruby>です。 세 개에 천 엔입니다.

税込<ruby>ぜいこ</ruby>みで 40,000円<ruby>えん</ruby>です。 세금포함해서 4만 엔입니다.

**8** 1万円<ruby>いちまんえん</ruby>  〈수〉만 엔 （応用会話2）

일본어에서는 '백', '천' 앞에는 '1'을 붙이지 않지만, '만', '천 만', '억'의 경우는 '1'을 반드시 붙여야 한다.
(숫자는 부록 201페이지 참조)

••• 百円<ruby>ひゃくえん</ruby> 백 엔   千円<ruby>せんえん</ruby> 천 엔

一万円<ruby>いちまんえん</ruby> 만 엔   一千万円<ruby>いっせんまんえん</ruby> 천만 엔   一億円<ruby>いちおくえん</ruby> 일억 엔

## 9 　～は いくらですか　　～은/는 얼마입니까?

「いくら」는 '얼마/어느 정도'라는 뜻의 의문사로 가격을 물을 때 사용한다.

··· あの ネクタイは いくらですか。저 넥타이는 얼마입니까?
8,000円です。 8,000엔 입니다.


## 10 　おあずかり します　　〈겸양표현〉받았습니다　(応用会話2)

「おあずかり します」는 「預かる (맡다)」의 겸양표현인 「おあずかり する」를 정중하게 표현한 것이다. 백화점, 레스토랑, 은행 등 상용 장소에서 돈을 받을 때 관용적으로 쓰는 표현이다. 「おあずかり します」를 쓰는 장면에서 같이 자주 쓰이는 표현으로는 「お返し (거스름돈)」가 있다.

··· 4,000円 おあずかりします。 4,000천 엔 받았습니다.
600円の お返しです。 거스름돈은 600엔입니다.

# それ、だれの
# ケータイですか。

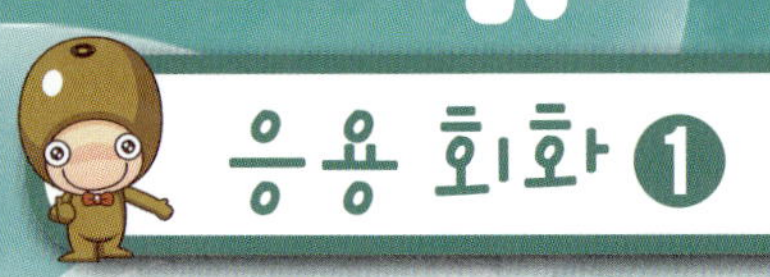



🔊 31

キム： それは 何<sub>なん</sub>ですか。

鈴木<sub>すずき</sub>： どれですか。

キム： その 白<sub>しろ</sub>い 魚<sub>さかな</sub>ですよ。

鈴木<sub>すずき</sub>： ああ、これは タイですよ。

鈴木：　それ、だれの ケータイですか。

　　　　キムさんのですか。

キム：　いいえ、私のじゃ ありません。

　　　　斉藤さんのですか。

斉藤：　あっ、そうです。私のです。

　　　　ありがとうございます。

---

**단어**　どれ 어느 것 ｜ その 그 ｜ 白(しろ)い 희다 ｜ 魚(さかな) 생선 ｜ タイ 도미 ｜ だれ 누구 ｜
ケータイ (携帯) 휴대전화 ｜ の ～의 것 ｜ ありがとうございます 감사합니다

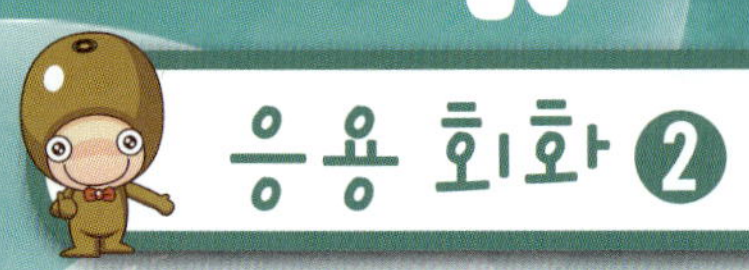

🔊 32

キム： ごちそうさま。じゃ、今日は 私の おごりで。

斉藤： いえいえ。割り勘に しましょう。

キム： そうですか。

斉藤： ええ。

（점원에게） すみません。お勘定、お願いします。

店員： はい、かしこまりました。

消費税込みで 4,830円に なります。

斉藤： じゃ、これで。

店員： 1万円から おあずかり します。

… 5,170円の お返しです。

斉藤： はい。ごちそうさまでした。

**단어** ごちそうさま(でした) 잘 먹었습니다 ｜ 今日(きょう) 오늘 ｜ おごり 한턱 냄 ｜ 割(わ)り勘(かん) 나누어 냄 ｜
すみません 미안합니다, 실례합니다 ｜ お勘定(かんじょう) 계산 ｜ お願(ねが)いします 부탁합니다 ｜
かしこまりました 잘 알겠습니다 ｜ 消費税(しょうひぜい) 소비세 ｜ 込(こ)み 포함 ｜
～に なります '～입니다(です)'에 해당하는 말로, 음식점에서 계산할 때 점원이 관용적으로 사용하는 표현 ｜
1万円(いちまんえん) 만 엔 ｜ お預(あず)かり します 받았습니다 ｜ お返(かえ)しです 거스름돈입니다(거스름돈을
돌려줄 때 하는말)

**1**

それは 何ですか。
パソコンです。

**2**

これは 本田さんの
辞書ですか。
いいえ、
田中さんのです。

**3**

あの かたは
どなたですか。
スミスさんです。

**4**

**5**

**①**

A : ______________ は 何ですか。

B : ______________ は ______________ です。

1) これ / タイ　➡

2) それ / マグロ　➡

3) あれ / 中トロ　➡

**②**

A : ______________ は だれの ______________ ですか。

B : ______________ は ______________ の ______________ です。

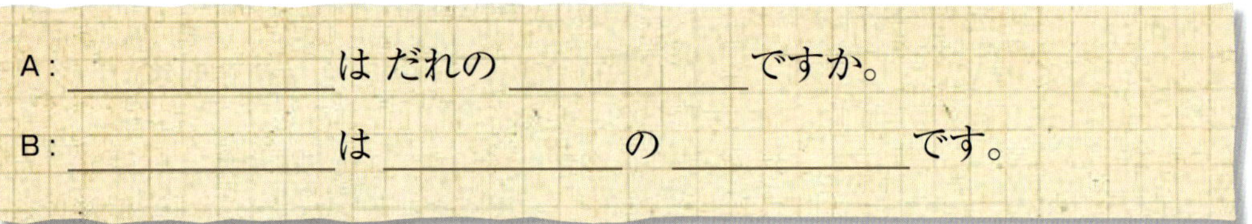

1)

ノート

パクさん

2)

かさ

木村さん

3)

かばん

本田さん

**3**

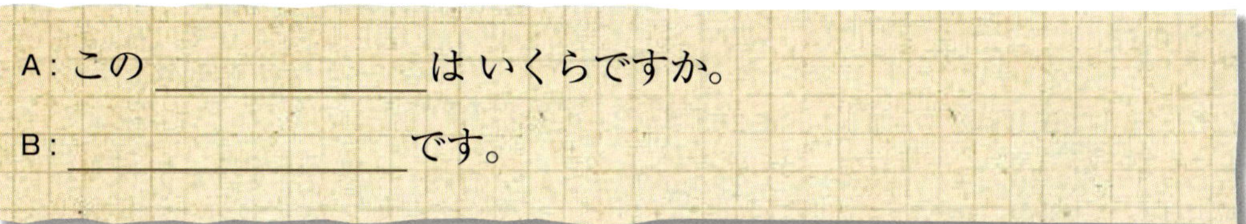

A：この ＿＿＿＿＿＿＿＿ は いくらですか。

B：＿＿＿＿＿＿＿＿ です。

1)

150円

2)

630円

3)

2,140円

4)

3,890円

□ マグロ 다랑어　□ ノート 노트　□ かさ 우산　□ かばん 가방　□ シャーペン 샤프펜슬　□ くつ 구두
□ めがね 안경

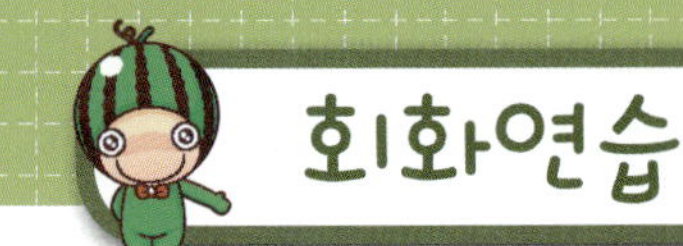

**(1~3) 다음을 보기와 같이 바꾸어 연습하세요.**

① 

> **보기**
>
> A：あっ！ あれは <u>トロ</u>ですね。
>
> B：そうですね。 <u>中トロ</u>ですね。
>
> A：じゃ、私は あの <u>中トロ</u>に します。

1) 

A：ラーメン / みそラーメン
B：みそラーメン

2) 

A：トンカツ / ヒレカツ
B：ヒレカツ

3) 

A：うどん / カレーうどん
B：カレーうどん

- □ みそラーメン 된장라면　□ トンカツ 돈까스　□ ひれカツ 히레 돈까스　□ うどん 우동
- □ カレーうどん 카레우동

**2**

A：それ(その) / 白い / 魚

B：これ / タイ



A：<u>それ</u>は 何ですか。

B：どれですか。

A：<u>その</u> <u>白い</u> <u>魚</u>ですよ。

B：ああ、<u>これ</u>は <u>タイ</u>ですよ。

1)

A：あれ(あの) / 高い / ビル

B：あれ / 63ビル

2)

A：これ(この) / 黄色い / 果物

B：それ / チャメ

3)

A：あれ(あの) / 赤い / 食べ物

B：あれ / うめぼし

---

□ 高(たか)い 높다　□ ビル 빌딩　□ 63ビル 63빌딩　□ 黄色(きいろ)い 노랗다　□ 果物(くだもの) 과일　□ チャメ 참외
□ 赤(あか)い 빨갛다　□ 食(た)べ物(もの) 음식　□ うめぼし 우메보시

**3**



A : <u>この</u> <u>本</u>は <u>キム</u>さんのですか。

B : いいえ、<u>キム</u>さんのじゃ ありません。

<u>木村</u>さんのです。

1) A：シャーペン / 本田　　　B：田中

2) A：かばん / イ　　　　　　B：スミス

3) A：車 / 本田　　　　　　　B：キム

　□ **本**(ほん) 책　□ **車**(くるま) 차

**4** 다음 그림을 보고 짝과 함께 보기와 같이 연습하세요.



A : <u>それ</u>は 何ですか。

B : <u>これ</u>は <u>とけい</u>です。

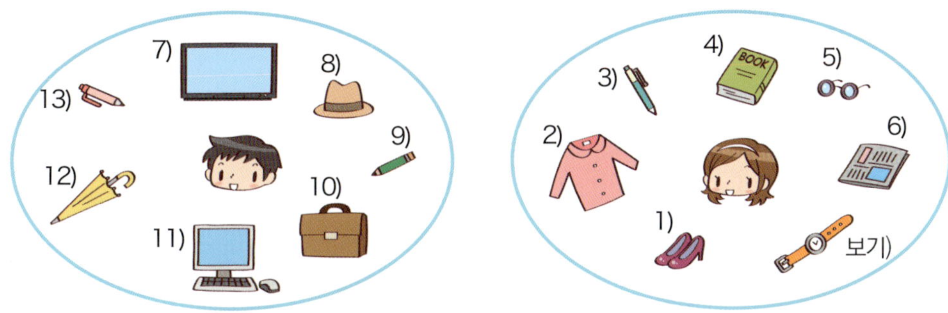


**5** 다음의 보기와 같이 피자가게에 전화를 걸어 주문을 해 보세요.



A : ありがとうございます。ママピザで ございます。

B : <u>ママピザ M</u>は いくらですか。

A : <u>1,800</u>円です。

B : じゃ、それ、お願いします。

| MENU | S | M | L |
| --- | --- | --- | --- |
| ママピザ | ¥990 | ¥1,800 | ¥2,900 |
| チーズピザ | ¥850 | ¥1,580 | ¥2,870 |
| エビピザ | ¥670 | ¥1,460 | ¥2,530 |

- □ とけい 시계　□ テレビ 텔레비전　□ 帽子(ぼうし) 모자　□ えんぴつ 연필　□ パソコン 컴퓨터
- □ 新聞(しんぶん) 신문　□ シャツ 셔츠　□ ボールペン 볼펜　□ 辞書(じしょ) 사전　□ ママ 엄마　□ ピザ 피자
- □ チーズ 치즈　□ エビ 새우

# 듣기연습

🔊 34

**①** 다음 대화를 잘 듣고 맞는 내용에 V를 하세요.

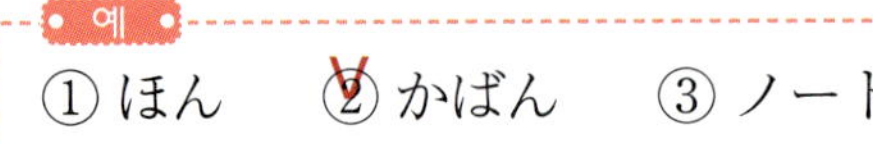


1) ① ノート　　② ほん　　　③ ざっし
2) ① めがね　　② えんぴつ　③ かさ
3) ① ほん　　　② くつ　　　③ つくえ

**②** 다음 대화를 잘 듣고 물건의 주인에 V를 하세요.

1) 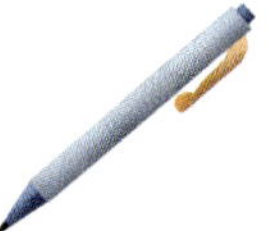　　① 木村さん　　② 本田さん　　③ 佐藤さん

2) 　　① 本田さん　　② 田中さん　　③ 斉藤さん

3) 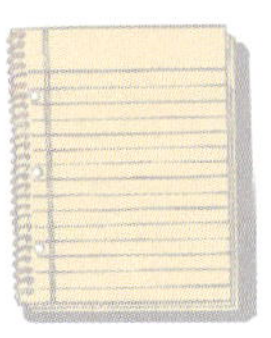　　① 先生　　② 斉藤さん　　③ パクさん

□ ざっし 잡지　　□ つくえ 책상　　□ いす 의자

**3** 다음 대화를 잘 듣고 음식과 가격이 맞는 것을 찾아 O를 하세요.

1) ① 
タイ、120えん

② 
トロ、100えん

③ 
イクラ、130えん

2) ① 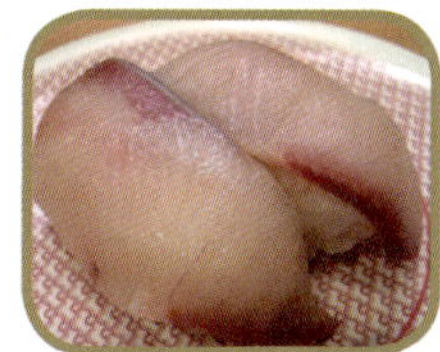
ブリ、140えん

② 
サケ、110えん

③ 
マグロ、150えん

□ ブリ 방어

 **지금까지 배운 내용을 잘 생각하며 다음 회화 표현을 쓰고 말해 보세요.**

中トロ

A：あっ！ あれは 中トロですね。

B：そうですね。

A：じゃ、今度は あの 中トロに します。

1)

イクラ

A： ____________________

B： ____________________

A： ____________________

2)

サケ

A： ____________________

B： ____________________

A： ____________________

3)

A： ____________________

B： ____________________

A： ____________________

## 다리 はし(橋) ： 젓가락 はし(箸)

 音声（発音）ワンポイント

일본어에는 고저악센트가 있어 **발음의 높낮이**에 따라 어휘의 의미가 달라진다. **악센트**는 크게 **두 가지 형**이 있다. 첫 번째 박을 내리고 두 번째 박을 올리는 것(**평판형**－あめ)과, 첫 번째 박을 올리고 두 번째 박을 내리는 것(**두고형**－あめ)이 있다.

## 스시의 역사

스시는 지금으로부터 약 1000년 전부터 먹기 시작했다고 하는데, 어패류를 오래 보존하기 위해 식초에 담그기 시작한 데서 유래한다.

마구로

스시에 사용되는 생선은 여러 종류가 있는데, 특히 다랑어(マグロ)는 일본인들이 매우 좋아하는 생선이다. 다랑어는 그 부위에 따라 기름기 있는 뱃살 부분을 도로(トロ)라고 하고, 등 부위의 빨간 부분을 아카미(赤身 · あかみ)라고 한다.

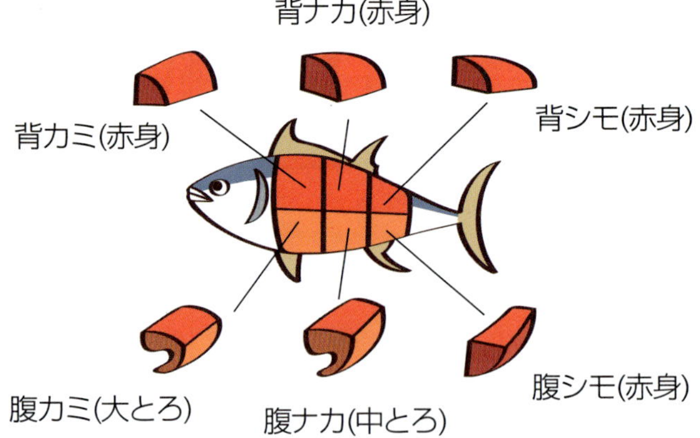

## 스시 먹는 법

1. 니기리즈시(握りずし—흔히 우리가 먹는 생선초밥)는 엄지, 검지, 중지로 잡고, 생선에만 간장을 조금 묻힌다. 접시나 용기에 나올 때는 젓가락으로 먹기도 하지만, 카운터에 앉아서 먹을 때는 맨손으로 먹는 것이 전통적인 방법이다.

검지를 생선에 얹고,
엄지와 중지로 옆쪽을
잡는다.

생선(ネタ)에만 간장을
묻힌다.

2. 스시 먹을 때 조심해야 할 매너

간장을 너무 많이 찍어
간장이 뚝뚝 흐르면 안
된다.

스시의 생선만 벗겨
먹으면 안 된다.

간장 안에 밥알이 둥둥
떠 있어서는 안 된다.

# さいふ売り場はどこですか。

🔊 35

ショッピング

売<sup>う</sup>り場<sup>ば</sup>

売<sup>う</sup>り場<sup>ば</sup>

リボン

色<sup>いろ</sup>

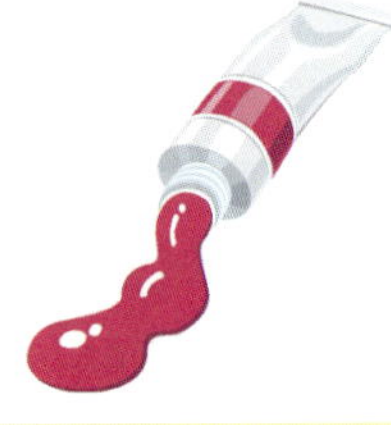

ピンク

朝<sup>あさ</sup>

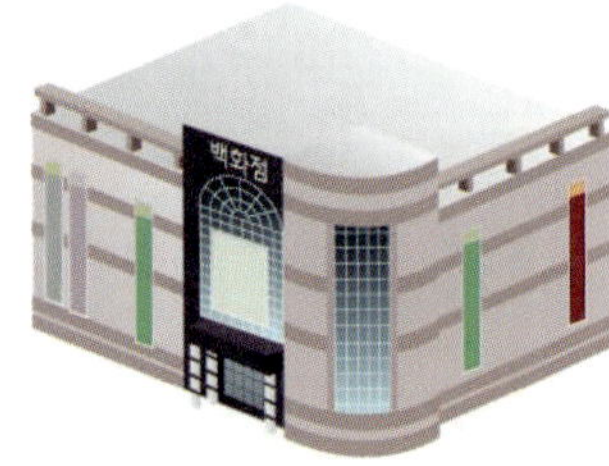

デパート

休<sup>やす</sup>み

お手洗<sup>てあら</sup>い

🔊 36

**1** さいふ売り場は どこですか。

**2** さいふ売り場は あちらです。

**3** こちらは 何時までですか。

**4** 今、何時ですか。

🔊 37

鈴木：あれ、ここは かばん売り場ですね。

イ　：そうですね。すみません。さいふ売り場は どこですか。

店員：さいふですか。あちらです。

イ　：（손가락으로 가리키면서）あそこですね。どうも。

＊＊＊＊＊＊＊＊＊＊＊＊＊

イ　：すみません、これを ください。

店員：かしこまりました。6,300円に なります。おつつみ しますか。

イ　：はい。

店員：おリボンの 色は、どう なさいますか。

イ　：ピンク、お願いします。

＊＊＊＊＊＊＊＊＊＊＊＊＊

店員：お待たせ いたしました。こちらに なります。

鈴木：あのう、こちらは 何時まで ですか。

店員：8時半まで です。

イ　：えっ、8時半？ 今、何時ですか。

단어 あれ 어? 가볍게 놀랐을 때 ｜ ここ 여기 ｜ かばん 가방 ｜ 売(う)り場(ば) 파는 곳, 매장 ｜
さいふ 지갑 ｜ どこ 어디 ｜ あちら 저기 / 저쪽 ｜ あそこ 저기 ｜
どうも 고맙다는 의미 (「どうも ありがとう」의 줄임말) ｜ ～を ～을/를 ｜ ください 주세요 ｜
お包(つつ)み しますか 포장해 드릴까요? ｜ リボン 리본, 「おリボン」의 「お」는 존경의 접두사 ｜
色(いろ) 색/빛깔 ｜ どう 어떻게 ｜ なさいますか 하시겠습니까?, 「しますか」의 정중형 문체 ｜ ピンク 핑크 ｜
お待(ま)たせ いたしました 오래 기다리셨습니다 ｜ 何時(なんじ) 몇 시 ｜ ～まで ～까지 ｜
8時(はちじ) 여덟 시 ｜ 半(はん) 반 ｜ 今(いま) 지금

**1** ここ / そこ / あそこ / どこ　　〈지시대명사〉여기 / 거기 / 저기 / 어디

「ここ / そこ / あそこ / どこ」는 장소를 가리키는 지시대명사로 '여기/거기/저기/어디'로 해석된다.
방향을 나타낼 때는「こちら / そちら / あちら / どちら (이쪽/그쪽/저쪽/어느쪽)」를 사용한다.

**2** ～から ～まで　　〈장소/시간〉 ～부터 ～까지

「から」는 시간이나 장소를 뜻하는 말에 붙어 기점(起点)이나 출발점(出発点)을 나타낸다.
「まで」는 종점(終点)이나 도달점(到達点)을 나타내며「～から～まで (～에서 ～까지)」의 형태로 쓰인다.

- 食堂は 10時からです。식당은 10시부터입니다.
  授業は 9時から 6 時までです。수업은 9시부터 6시까지입니다.
  駅から 学校までは どのくらい かかりますか。역에서 학교까지는 어느 정도 걸립니까?

**3** **〜と**　　　〈助詞〉〜와/과　（応用会話2）

「〜と」는 우리말의 '〜와/과'에 해당하는 조사이다. 두 개 이상의 명사를 나열할 때 명사 사이에 「〜と」를 사용한다.

••• コーヒーと 紅茶（こうちゃ）　커피와 홍차

コーヒーと 紅茶 커피와 홍차

バニラと チョコ　바닐라와 쵸코

**4** **〜を ください**　　　〜을/를 주세요

「〜を」는 '〜을/를'에 해당하는 조사로 동사의 대상을 나타낸다. 「〜を ください」는 '〜을/를 주세요'의 뜻으로 쓰인다.　（조수사는 부록 201페이지 참조）

••• 切手（きって）を 3枚（さんまい） ください。우표를 세 장 주세요

玉（たま）ねぎを 1個（いっこ） ください。양파를 한 개 주세요

해설

### 5 때를 나타내는 말

| 어제 | 오늘 | 내일 |
|---|---|---|
| きのう（昨日） | きょう（今日） | あした（明日） |

◎ 요일

| 월요일 | 화요일 | 수요일 |
|---|---|---|
| げつようび | かようび | すいようび |

| 목요일 | 금요일 | 토요일 | 일요일 |
|---|---|---|---|
| もくようび | きんようび | どようび | にちようび |

◎ 시간

| 1時 | 2時 | 3時 | 4時 | 5時 | 6時 |
|---|---|---|---|---|---|
| いちじ | にじ | さんじ | よじ | ごじ | ろくじ |

| 7時 | 8時 | 9時 | 10時 | 11時 | 12時 |
|---|---|---|---|---|---|
| しちじ | はちじ | くじ | じゅうじ | じゅういちじ | じゅうにじ |

# 제8과

あのう、こちらは
何時からですか。

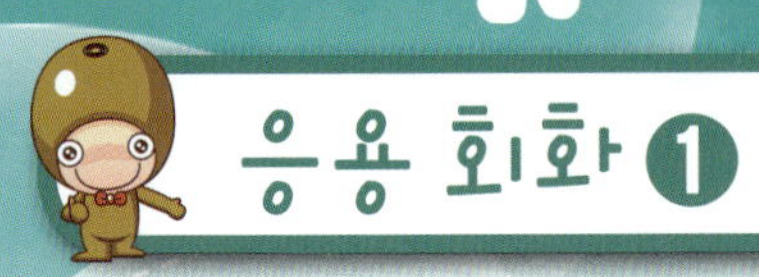


## 백화점 안내데스크에서

◁)) 38

イ ：あのう、こちらは 何時<ruby>なんじ</ruby>からですか。

店員<ruby>てんいん</ruby>：10時半<ruby>じゅう じ はん</ruby>からです。レストランは 11時<ruby>じゅういち じ</ruby>からです。

イ ：休<ruby>やす</ruby>みは 何曜日<ruby>なんようび</ruby>ですか。

店員<ruby>てんいん</ruby>：火曜日<ruby>かようび</ruby>です。

イ ：どうも。



単어　～から ～부터, ～에서 ｜ レストラン 레스토랑 ｜ 休(やす)み 쉬는 날, 휴무 ｜ 火曜日(かようび) 화요일

◁)) 39

イ　：すみません。バニラと チョコ、ください。

店員：454円で ございます。

イ　：えっ、454円？

店員：はい。今日は 29%引きです。

イ　：29%引きですか。

店員：ええ、29日ですから。

イ　：へえ、そうですか。

---

단어　バニラ 바닐라　|　～と ～와/과　|　チョコ 초콜릿　|　～で ございます ~입니다, (「です」의 높임말)　|
パーセント 퍼센트　|　～引(ひ)き 할인, 깎아줌　|　29日(にじゅうくにち) 29일　|　～から ~니까 (이유를 나타내는 말)

대문

◀)) 40

**1**

あちらです。
ネクタイ売り場は
どこですか。
INFORMATION

**2**

ここは
なんですか。
ゆうびんきょく
郵便局です。
〒

**3**

こちらは
なんじ
何時までですか。
close
じゅういち じ はん
11時半までです。
30% SALE

**4**

**5**

**문형연습**

(1~3) 주어진 단어를 사용하여 연습하세요.

**1**

___________ は ___________ です。

1)


2)


3)


4)


**2**

お客：___________ は どこですか。

店員：___________ です。

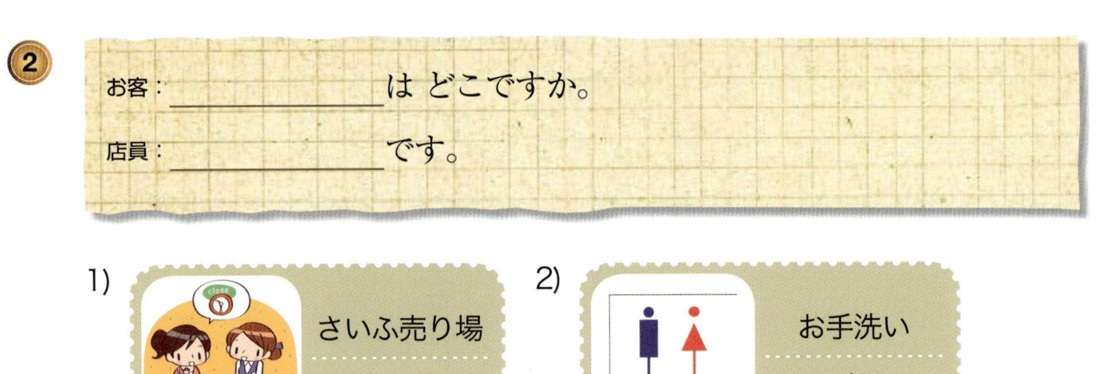

1)


2)

3)

4)

**3**

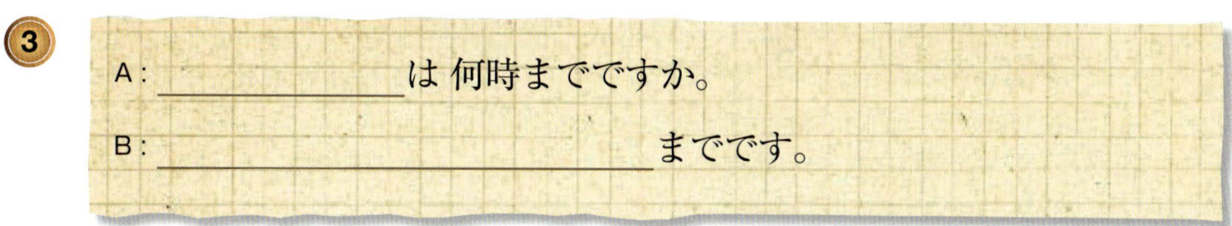


1)
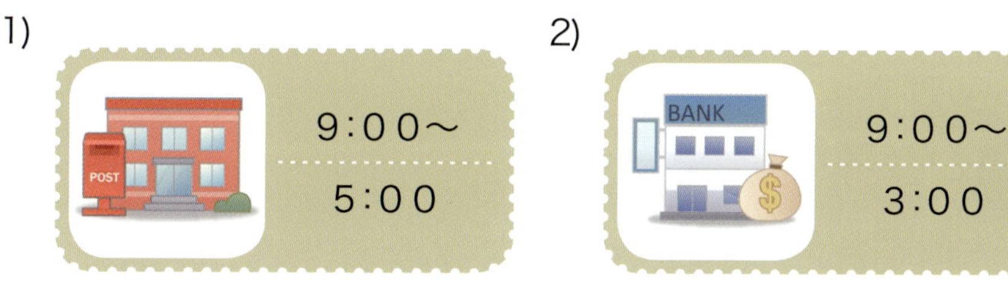


2)


3)
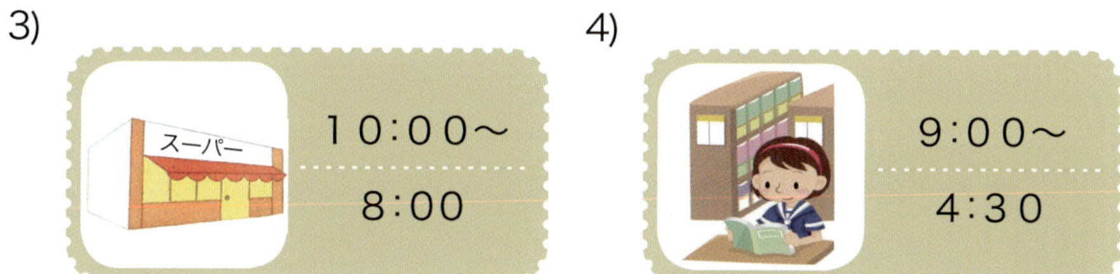


4)


□ 図書室(としょしつ) 도서실　　□ 教室(きょうしつ) 교실　　□ デパート 백화점　　□ 学校(がっこう) 학교
□ お手洗(てあら)い 화장실　　□ エレベーター 엘리베이터　　□ 郵便局(ゆうびんきょく) 우체국　　□ 銀行(ぎんこう) 은행
□ スーパー 슈퍼마켓

**(1~3) 다음을 보기와 같이 바꾸어 연습하세요.**

1)

A : 学食 / ここ
B : ここ

2)

A : 事務室 / あそこ
B : あそこ

3)

A : 図書館 / あそこ
B : あそこ

**②**

A：デパート /
　　休み / 水曜日
B：水曜日



A：すみません、
　　この デパートの 休みは いつですか。
B：水曜日です。
A：水曜日ですか。
　　どうも ありがとうございました。

1)

A：博物館 / 休館日 / 日曜日
B：日曜日

2)

A：美容院 / 定休日 / 月曜日
B：月曜日

3)

A：美術館 / 休館日 / 火曜日
B：火曜日

4)

A：市場 / 休み / 年中無休
B：年中無休

---

☐ 学生会館(がくせいかいかん) 학생회관　　☐ 学食(がくしょく) 학생식당　　☐ 事務室(じむしつ) 사무실
☐ 水曜日(すいようび) 수요일　　☐ 博物館(はくぶつかん) 박물관　　☐ 休館日(きゅうかんび) 휴관일　　☐ 日曜日(にちようび) 일요일
☐ 美容院(びよういん) 미용실　　☐ 定休日(ていきゅうび) 정기휴일　　☐ 月曜日(げつようび) 월요일
☐ 美術館(びじゅつかん) 미술관　　☐ 火曜日(かようび) 화요일　　☐ 市場(いちば) 시장　　☐ 年中無休(ねんじゅうむきゅう) 연중무휴

**③** 

A : こちら / 8時半

B : 8時半



A : あのう、<u>こちら</u>は 何時までですか。

B : <u>8時半</u>までです。

A : えっ、<u>8時半</u>？今、何時ですか。

1) 

A : スーパー / 9時半

B : 9時半

2) 

A : 病院 / 6時

B : 6時

3) 

A : 郵便局 / 5時

B : 5時

4) 

A : 銀行 / 3時

B : 3時

**④ 두 사람이 짝이 되어 연습하세요.**

A : ネックレス

B : ¥2,700

**보기**

A : すみません。

　　この <u>ネックレス</u>は いくらですか。

B : <u>2,700円</u>です。

A : ❶ じゃ、これを お願いします。

　　❷ ああ、そうですか。じゃ、また 来ます。

1) 

A : かばん

B : ¥3,600

2) 

A : くつ

B : ¥8,400

3) 

A : うでどけい

B : ¥6,000

4) 

A : カメラ

B : ¥18,000

5) 

A : テレビ

B : ¥23,000

6) 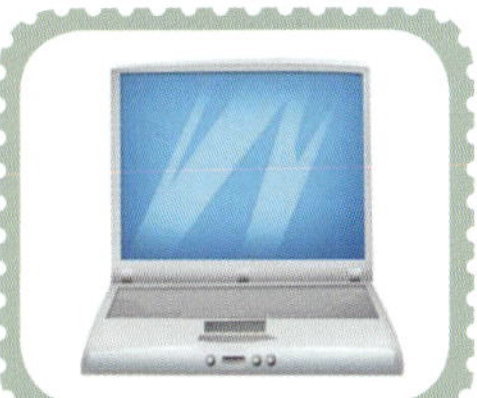

A : パソコン

B : ¥41,500

□ 病院(びょういん) 병원　□ ネックレス 목걸이　□ また 또　□ 来(き)ます 오겠습니다　□ うでどけい 손목시계
□ カメラ 카메라

**5** 다음 전단지를 보면서 언제, 무엇을 가격인하 하는지 적어 보세요.

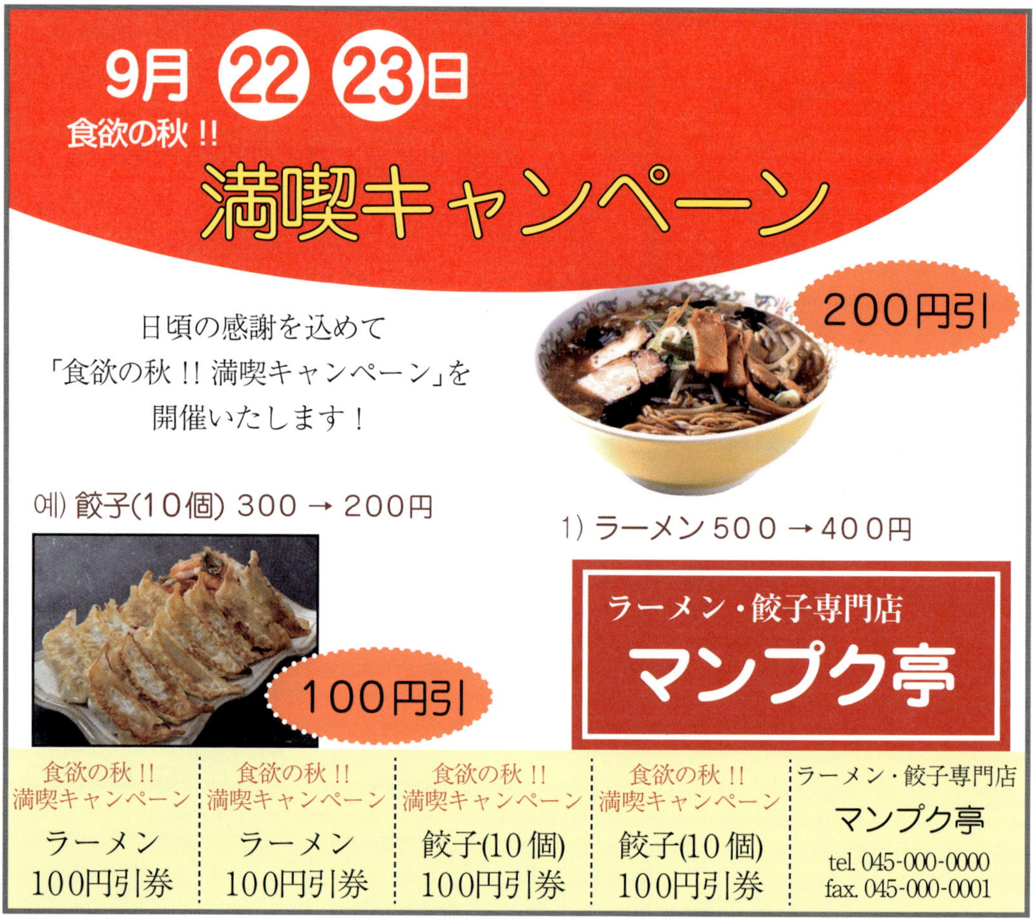

| 食欲の秋 !!<br>満喫キャンペーン | 食欲の秋 !!<br>満喫キャンペーン | 食欲の秋 !!<br>満喫キャンペーン | 食欲の秋 !!<br>満喫キャンペーン | ラーメン・餃子専門店 |
|---|---|---|---|---|
| ラーメン<br>100円引券 | ラーメン<br>100円引券 | 餃子(10個)<br>100円引券 | 餃子(10個)<br>100円引券 | マンプク亭<br>tel. 045-000-0000<br>fax. 045-000-0001 |

- いつ (언제) :
- どこで (어디에서) :
- 예) 餃子は (100円) びきする
  1) ラーメンは (                    )

□ 餃子(ギョーザ) 중국만두　　□ 〜びきする 할인하다

# 듣기연습

**1** 다음 대화를 잘 듣고 맞는 내용에 V를 하세요.　41

① V　スーパー

② 郵便局

③ 図書室

1)
① 郵便局
② 病院
③ 学校

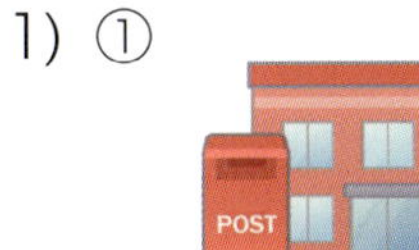

2)
① 図書館
② デパート
③ 教室

3)
① 大学
② 事務室
③ 病院

🔊 41

② **다음 대화를 잘 듣고 (　　) 안에 시작하는 시간과 끝나는 시간을 쓰세요.**

예

(１０時はん) から (8時) まで

1) 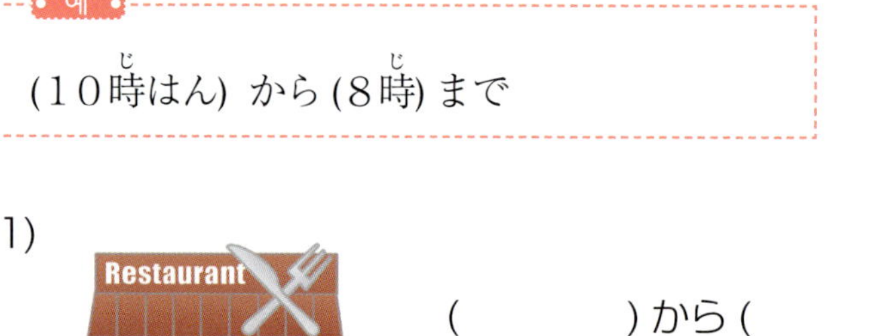　　　　　(　　　　) から (　　　　) まで

2) 　　　　　(　　　　) から (　　　　) まで

3) 　　　　　(　　　　) から (　　　　) まで

③ **다음 내용을 잘 듣고 맞으면 O, 틀리면 X를 하세요.**

1) (　　　　)　　　2) (　　　　)

3) (　　　　)　　　4) (　　　　)

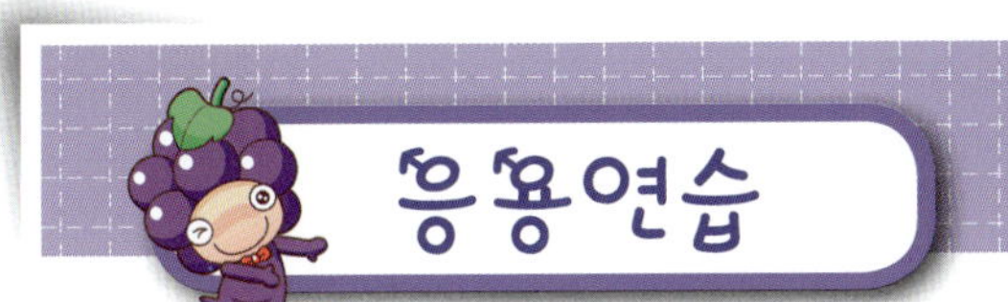


**응용** 지금까지 배운 내용을 잘 생각하며 다음 회화 표현을 쓰고 말해 보세요.

大学
あそこ

A : すみません。大学は どこですか。
B : あそこです。
A : あそこですね。どうも。

1)

コンビニ
ここ

A :
B :
A :

2)

駅
あそこ

A :
B :
A :

3)

A :
B :
A :

▫ コンビニ 편의점　▫ 駅(えき) 역

빌딩 ビル(Building) : 맥주 ビール(Beer)

音声（発音）ワンポイント

일본어 특수박의 하나인 **장음**은 짧게 발음하면 의미가 달라지기 때문에 반드시 **1박의 길이**로 발음해야 한다. 한국어도 중세어에서는 장단의 구별이 있어 먹는 밤(栗)과 깜깜한 밤(夜) 등이 길이에 의해 의미가 달랐었다. 그러나 현대 한국어에는 이러한 장단의 구별이 없기 때문에 일본어의 장음을 발음할 때 주의해야 한다.

## 어머, 이런 것까지!

피자 가게는 피자를, 꽃가게는 꽃을, 문방구는 펜이나 노트를 판다. 그럼 약국에서는 무엇을 팔고 있을까?

답은 물론 약이다. 하지만 약국이라 해도 요즘에는 여러 가지로 형태가 다양해 지고 있다. 「드럭스토어(ドラッグストア)」가 그 중 하나이다. 드럭스토어에서는 감기약이나 위장약, 또는 안약

<드럭스토어 외부전경>

같은 일반적인 약 이외에 각종 화장품도 팔고 있다. 게다가 세일 가격으로 판매되고 있어서 화장품을 노리고 드럭스토어에 가는 젊은 여성들도 많다. 이제는 드럭스토어에서 화장품이 팔리고 있는 것이 일상적인 풍경이 되었다. 놀라운 것은 쌀, 빵, 컵라면, 그리고 냉동식품까지 팔고 있고, 맥주나 술, 담배를 취급하는 가게까지 있다. 그런 상품들도 화장품과 마찬가지로 정상가보다 훨씬 저렴하다.

<화장품은 물론>

대규모 드럭스토어는 전국적으로 100개 이상의 점포를 가지고 있고, 그 고장의 특산품을 다루는 점포도 있어서 ' 어머 이런 것까지!' 하고 미처 기대하지도 못 했던 것을 발견하기도 한다.

<피망과 양배추까지?>

## 일본의 해결사 콘비니

 편의점은 일본에서는「콘비니엔스 스토아(コンビニエンス・ストア)」, 보통 생략해서「 콘비니 (コンビニ)」라고 한다. 가게의 분위기는 우리 나라 편의점과 거의 똑같지만, 그 업무는 놀랄 만큼 다양하다. 복사기와 팩스가 있으며 택배를 맡기거나 받을 수 있다. 공공요금과 NHK 수신료를 결제할 수 있으며, 사진현상도 할 수 있다. 고속버스나 항공기, 콘서트 티켓을 예약하거나 발권도 할 수 있다. 졸업식 때는 기모노를 빌릴 수 있다(일본에서는 대학교 졸업식 때 전통의상인 기모노를 입는 사람들이 많다).

 판매하는 상품도 다양해서 책이나 잡지는 물론 CD, DVD, 게임 소프트도 팔고 있다. 中華まん( 우리 나라의 야채 찐빵 과 비슷함)은 어느 콘비니에서도 열 가지 정도 있다. 節分(입춘 전날)의 恵方巻き(일본 사람들은 이 날 恵方巻(아주 굵은 김밥)을 먹는 관습이 있다)나 복날의 장어덮밥(일본 사람들은 복날에 삼계탕이 아닌 장어구이를 먹는다) 등등.
 일본 콘비니는 그야 말로 해결사다.

# ソウルの 地下鉄は いいですね。

🔊 42

かわいいです

<ruby>地下鉄<rt>ち か てつ</rt></ruby>

<ruby>電車<rt>でんしゃ</rt></ruby>

<ruby>新<rt>あたら</rt></ruby>しいです

きれいです

<ruby>静<rt>しず</rt></ruby>かです

<ruby>複雑<rt>ふくざつ</rt></ruby>です

<ruby>便利<rt>べんり</rt></ruby>です

いいです

🔊 **43**

**1** ソウルの 地下鉄（ちかてつ）は いいですね。

**2** 日本（にほん）の 電車（でんしゃ）は 静（しず）かですね。

**3** あまり 難（むずか）しく ないですよ。

**4** 韓国（かんこく）の 電車（でんしゃ）は 静（しず）かじゃ ありませんか。

**5** かわいい 電車（でんしゃ）ですね。そして、きれいですね。

**6** 日本（にほん）の 地下鉄（ちかてつ）も 便利（べんり）ですが、高（たか）いです。

🔊 44

イ ：うわ～、人、多いですね。

斉藤：そうですね。池袋、新宿、渋谷は 特に 多いですよ。

イ ：あっ、来た、来た。かわいい 電車ですね。

　　　そして、きれいですね。

斉藤：ええ、この 副都心線は 新しいですから。

イ：日本の 電車は 静かですね。

斉藤：えっ、そうですか。韓国の 電車は 静かじゃ ありませんか。

イ：はい。あまり 静かじゃ ありません。

斉藤：そうですか。ソウルの 地下鉄は 便利ですか。

イ：はい、とても 便利ですよ。日本は どうですか。

斉藤：日本の 地下鉄も 便利ですが、高いです。

　　　ソウルの 地下鉄は いいですね。

**단어** 人(ひと) 사람 ｜ 多(おお)い 많다 ｜ 池袋(いけぶくろ) 이케부쿠로 (東京の 지명) ｜ 新宿(しんじゅく) 신주쿠 (東京の 지명) ｜ 渋谷(しぶや) 시부야 (東京の 지명) ｜ 特(とく)に 특별히/더 ｜ 来(き)た 왔다 ｜ かわいい 귀엽다 ｜ 電車(でんしゃ) 전철 ｜ そして 그리고 ｜ きれいだ 예쁘다 ｜ 副都心線(ふくとしんせん) 부도심선 (사이타마현(埼玉県) 와코시(和光市) ~ 도쿄 시부야(渋谷)를 연결하는 지하철 ｜ 新(あたら)しい 새롭다, 새 것이다 ｜ 静(しず)かだ 조용하다 ｜ あまり 그다지/별로 ｜ ソウル 서울 ｜ 地下鉄(ちかてつ) 지하철 ｜ 便利(べんり)だ 편리하다 ｜ とても 매우 ｜ どうですか 어떻습니까? ｜ 高(たか)い 비싸다 ｜ いい 좋다/편리하다

## 1 형용사

형용사는 사물의 성질, 상태나 사람의 감정, 감각 등을 나타내며, 문장의 술어가 되고 명사를 수식하는 용법이 있다. 활용방식에 따라 「イ형용사」와 「ナ형용사」로 나뉜다.

## 2 형용사의 활용

「イ형용사」는 문장이 끝날 때(종지형)와 체언을 수식할 때(연체형)는 기본형과 같은 형태 「〜い」가 쓰인다. 「ナ형용사」는 문장이 끝날 때(종지형)는 기본형과 같은 형태인 「〜だ」가 쓰이지만, 체언을 수식할 때(연체형)는 「〜な」로 바꾸어 사용한다.

| | 기본형 (基本形) | 종지형 (終止形) | 연체형 (連体形) |
|---|---|---|---|
| イ형용사 | 大<sup>おお</sup>きい<br>크다 | この 箱<sup>はこ</sup>は 大<sup>おお</sup>きい<br>이 상자는 크다 | 大<sup>おお</sup>きい 箱<sup>はこ</sup><br>큰 상자 |
| ナ형용사 | 静<sup>しず</sup>かだ<br>조용하다 | この 町<sup>まち</sup>は 静<sup>しず</sup>かだ<br>이 거리는 조용하다 | 静<sup>しず</sup>かな 町<sup>まち</sup><br>조용한 거리 |

**3** **형용사의 긍정과 부정 표현**

「イ형용사」의 긍정은 어미「~い」뒤에「~です」를 접속시킨다. 「イ형용사」의 부정은 어미「~い」를 「~く」로 바꾸고 부정의「ないです/ありません」를 접속시킨다. 「ナ형용사」의 부정은「~だ」를 떼고 「~では(じゃ) ありません」 등을 접속시킨다.

| イ형용사 | 긍정 | 부정 |
|---|---|---|
| さびしい<br>쓸쓸하다 | さびしいです<br>쓸쓸합니다 | さびしく ないです(ありません)<br>쓸쓸하지 않습니다 |
| いい<br>좋다 | いいです<br>좋습니다 | よく ないです(ありません)<br>좋지 않습니다 |

| ナ형용사 | 긍정 | 부정 |
|---|---|---|
| まじめだ<br>성실하다 | まじめです<br>성실합니다 | まじめでは(じゃ) ありません<br>성실하지 않습니다 |

**4** **あまり**

「あまり」는 정도를 나타내는 부사로서, 부정어 앞에서 '그다지, 별로'라는 뜻으로 사용된다.

••• あまり おいしく ないです。 그다지 맛있지 않습니다.

お魚は あまり 好きじゃ ありません。 생선은 그다지 좋아하지 않습니다.

| 자주 사용하는 형용사 |
|---|

| イ형용사 | ・暑い 덥다 ↔ 寒い 춥다　・熱い 뜨겁다 ↔ 冷たい 차갑다<br>・暖かい 따뜻하다 ↔ 涼しい 시원하다　・大きい 크다 ↔ 小さい 작다<br>・高い 높다 ↔ 低い 낮다　・遠い 멀다 ↔ 近い 가깝다<br>・太い 굵다 ↔ 細い 가늘다　・いい/よい 좋다 ↔ 悪い 나쁘다<br>・多い 많다 ↔ 少ない 적다<br><br>・赤い 빨갛다　・青い 파랗다　・黄色い 노랗다　・白い 희다　・黒い 검다<br><br>・甘い 달다　・辛い 맵다　・塩辛い 짜다　・すっぱい 시다　・苦い 쓰다<br><br>・悲しい 슬프다　・寂しい 외롭다　・楽しい 즐겁다　・嬉しい 기쁘다<br>・恐い 무섭다 |
| ナ형용사 | ・きれいだ 아름답다/깨끗하다　・親切だ 친절하다<br>・まじめだ 성실하다　・大切だ 중요하다<br>・便利だ 편리하다　・不便だ 불편하다<br>・静かだ 조용하다　・正確だ 정확하다<br>・有名だ 유명하다　・にぎやかだ 번화하다<br>・好きだ 좋아하다　・嫌いだ 싫어하다<br>・変だ 이상하다　・下手だ 서투르다<br>・大事だ 중요하다　・簡単だ 간단하다 |

# 少し 複雑ですが、便利ですよ。

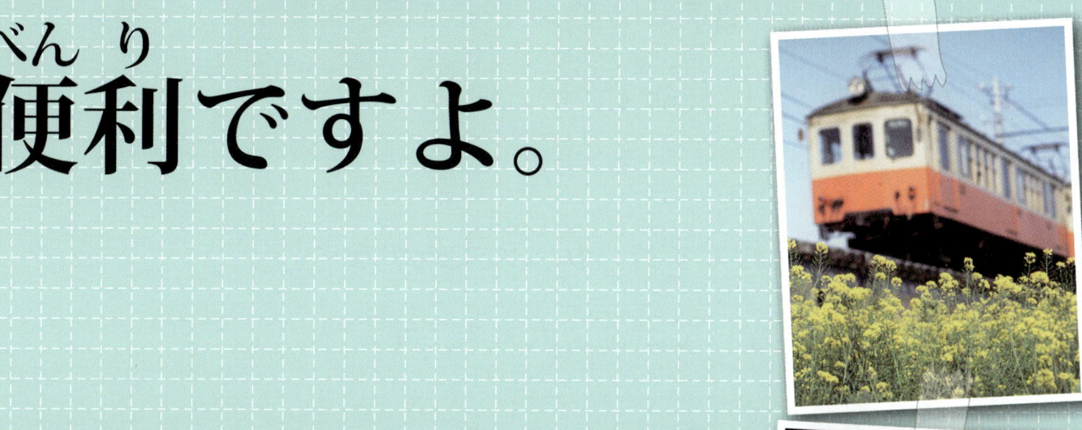

🔊 45

**노선표를 올려다 보면서**

パク：うわ〜、東京の 地下鉄は 複雑ですね。

木村：そうですか。少し 複雑ですが、便利ですよ。

パク：そうですね。

　　　乗り換えは 便利ですね。私、大丈夫かな…。

木村：あまり 難しく ないですよ。大丈夫です。

　　　すぐに 慣れますよ。

パク：そうですか…。

**단어**  東京(とうきょう) 도쿄 (일본의 수도)  |  複雑(ふくざつ)だ 복잡하다  |  少(すこ)し 조금  |  乗(の)り換(か)え 갈아타기  |
大丈夫(だいじょうぶ)だ 괜찮다  |  難(むずか)しくない) 어렵지 않다  |  すぐに 곧, 바로  |  慣(な)れます 익숙해집니다

🔊 46



イ：あっ、韓国語！ おもしろいですね。

斉藤：ああ、本当ですね。

　　　最近、外国語の 案内は 多いですよ。

　　　外国人も 多いですから。

イ：へえ、そうですか。

　　　あっ、これは 中国語ですね。

斉藤：そうですね。外国語の 案内は 親切ですね。

イ：はい。私たちは うれしいです。

RESTAURANT
Lunch Menu
오서오새요.
yakiniku 500円
불거기 / 烤肉
キムチ付き

🔊 47

**1**

韓国料理（かんこくりょうり）は
おいしいですね。

そうですね。
ちょっと 辛（から）いですが、
おいしいです。

**2**

その デジカメは
高（たか）いですか。

いいえ、あまり
高（たか）く ないです。

**3**

英語（えいご）の 先生（せんせい）は
親切（しんせつ）ですか。

はい、親切（しんせつ）ですが、
ハンサムじゃ
ありません。

**4**

**5**

**(1~4) 주어진 단어를 사용하여 보기와 같이 바꾸어 연습하세요.**

**①** ＿＿＿＿＿＿ は ＿＿＿＿＿＿ です。

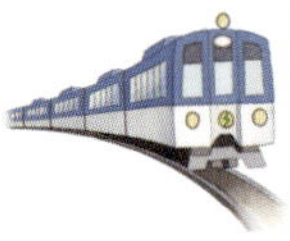

電車
速い



1) 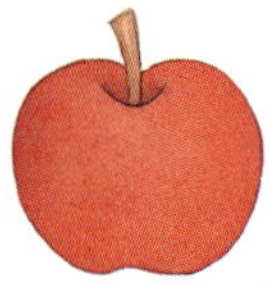
りんご
おいしい

2) 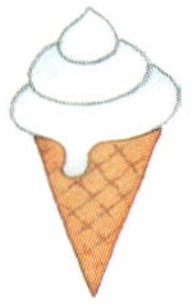
アイスクリーム
あまい

3) 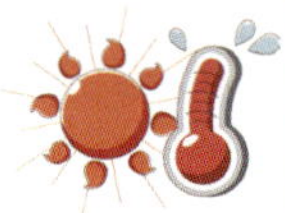
夏
暑い

4) 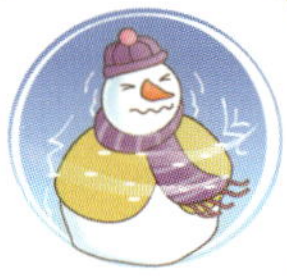
冬
寒い

**②** ＿＿＿＿＿＿ は ＿＿＿＿＿＿ ないです / ありません。

韓国語
難しい



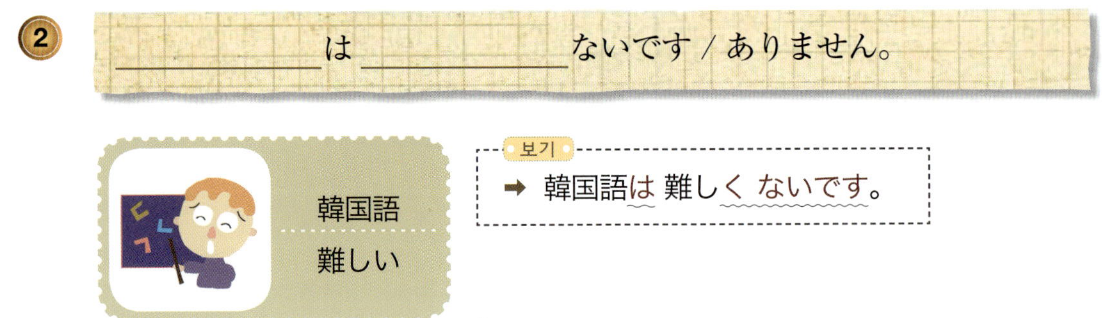

　□ 速(はや)い 빠르다

**1)**

すし
やすい

**2)**

スポーツ
楽しい

**3)**

今日
忙しい

**4)**

天気
いい

**3**

A: ＿＿＿＿＿＿＿ は ＿＿＿＿＿＿＿ ですか。

B: はい、＿＿＿＿＿＿＿ です。／ いいえ、＿＿＿＿＿＿＿ ないです。

韓国語
難しい

**보기**

→ 韓国語は 難しいですか。

はい、難しいです。

いいえ、難しく ないです。

**1)**

アニメ
おもしろい

**2)**

部屋
広い

---

□ りんご 사과　□ アイスクリーム 아이스크림　□ あまい 달다　□ 夏(なつ) 여름　□ 暑(あつ)い 덥다

□ 冬(ふゆ) 겨울　□ 寒(さむ)い 춥다　□ スポーツ 스포츠　□ 楽(たの)しい 즐겁다　□ 今日(きょう) 오늘

□ 忙(いそが)しい 바쁘다　□ 天気(てんき) 날씨　□ アニメ 애니매이션　□ 部屋(へや) 방　□ 広(ひろ)い 넓다

## 문형연습

**3)** 
彼女
かわいい

**4)** 
先生
やさしい

**4** ＿＿＿＿＿＿＿ は ＿＿＿＿＿＿＿ です。 ／ じゃ　ありません。

電車
静かだ



➡ 電車は 静かです。
　　静かじゃ　ありません。

**1)** 
地下鉄
便利だ

**2)** 
キムさん
きれいだ

**3)** 
子供
元気だ

**4)** 
田中さん
親切だ

**⑤ 다음과 같이 밑줄 부분을 바꾸어 연습하세요.**

> A : 銀行は どこですか。
>
> B : あの 白い ビルです。

1) 黒い　➡

2) 古い　➡

3) 新しい　➡

4) 低い　➡

> 本田さんは きれいな 人です。

1) 親切だ　➡

2) 元気だ　➡

3) 有名だ　➡

4) まじめだ　➡

## 회화연습

**①** **다음 보기와 같이 친구들에게 물어보세요.**

> **보기**
>
> A : 好きな スポーツは 何ですか。
>
> B : 好きな スポーツですか。テニスです。Aさんは？
>
> A : 私は サッカーです。

1) きらいだ      2) にがてだ      3) 大好きだ

### スポーツ

やきゅう    すもう    すいえい    サッカー    スキー

### いろ

きいろ    あか    あお    しろ    くろ

### たべもの

ラーメン    やきそば    おこのみやき    カレー    たこやき

**(2~5) 다음을 보기와 같이 바꾸어 연습하세요.**

 ②



A : 日本の 電車は 静かですね。

B : えっ、そうですか。韓国の 電車は 静かじゃ ありませんか。

A : はい、あまり 静かじゃ ありません。

1) 
食べ物
高い

2) 
地下鉄
複雑だ

3) 
町
きれいだ

4) 
ラーメン
しおからい

③



A : 日本の 地下鉄は 便利ですか。

B : はい、とても 便利ですが、高いです。

1) 
すし
おいしい
高い

2) 
学食
やすい
きたない

□ きらいだ 싫어하다　　□ にがてだ 서툴다, 질색이다　□ 大好(だいす)きだ 아주 좋아하다　　□ 食(た)べ物(もの) 음식
□ 高(たか)い 비싸다　□ 町(まち) 거리　□ しおからい 짜다　□ きたない 더럽다

3) 
日本の生活
楽しい
さびしい

4) 
キムさんの部屋
きれいだ
せまい

**4** 보기

A : 小樽（おたる）は どんな ところですか。

B : とても きれいな ところです。

A : そうですか。ありがとう。

1) 
木村さん
人
まじめだ

2) 
キムチ
食べ物
おいしい

3) 
クラシック
音楽
静かだ

4) 
渋谷
ところ
にぎやかだ

□ 生活(せいかつ) 생활　□ さびしい 쓸쓸하다　□ 狭(せま)い 좁다　□ クラシック 클래식　□ 音楽(おんがく) 음악
□ にぎやかだ 번화하다

**5**



A：人、多いですね。

B：そうですね。池袋、新宿、渋谷は 特に 多いですよ。

A：あっ、かわいい 電車ですね。そして、きれいですね。

B：ええ、この 副都心線は 新しいですから。

1) B：土曜日、日曜日

  A：きれいだ / くつ / やすい

  B：デパート / やすい

2) B：週末

  A：おしゃれだ / デザイン / かわいい

  B：店 / 有名だ

3) B：11時から12時

  A：ちいさい / 電車 / せまい

  B：電車 / 古い

□ 土曜日(どようび) 토요일　　□ 日曜日(にちようび) 일요일　　□ 週末(しゅうまつ) 주말　　□ おしゃれだ 멋지다

□ 店(みせ) 가게

# 듣기연습

🔊 48

**①** 다음 대화를 잘 듣고 맞는 내용에 V를 하세요.

> 예
>
> 
>
> Ⅴ① あつい
> ② さむい
> ③ すずしい

1)

① たかい
② やすい
③ おいしい

2)

① きれいだ
② ひろい
③ きたない

3)
① やさしい
② いそがしい
③ ひまだ

4)

① べんりだ
② ふべんだ
③ げんきだ

**②** 다음 대화를 잘 듣고 보기와 같이 알맞은 말에 V를 하세요.

> 예
>
> 
>
> Ⅴ① しんせつだ ② まじめだ
> ③ げんきだ Ⅴ④ ハンサムだ

1)

① ふべんだ　　② にぎやかだ

③ べんりだ　　④ きれいだ

2)

① せまい　　② しずかだ
③ きれいだ　　④ きたない

3)

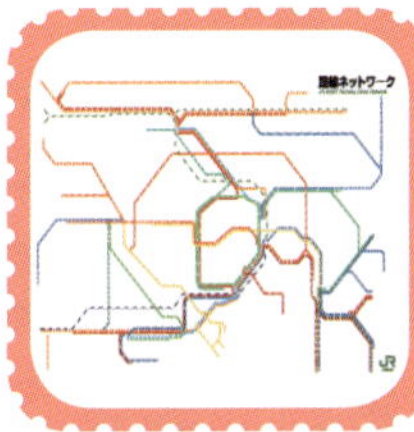

① ひろい　　② かんたんだ
③ ふくざつだ　　④ べんりだ

4)

① (お客さん) おおい　　② (お客さん) すくない

③ おいしい　　④ やすい

**③ 다음 내용을 잘 듣고 맞으면 ○, 틀리면 X를 하세요.**

1) (　　)　　2) (　　)　　3) (　　)

4) (　　)　　5) (　　)

 **지금까지 배운 내용을 잘 생각하며 다음 회화 표현을 쓰고 말해 보세요.**

日本の電車
静かだ

A : 日本の 電車は 静かですね。

B : えっ、そうですか。韓国の 電車は
　　静かじゃ ありませんか。

A : はい、あまり 静かじゃ ありません。

1)

日本のレストラン
高い

A :
B :
A :

2)

日本のスーパー
大きい

A :
B :
A :

3)

A :
B :
A :

## 시간 じかん(時間) : 치한 ちかん(痴漢)

 音声 (発音) ワンポイント

한국인에게 어려운 일본어 발음 중의 하나가 「ち」와 「つ」인데, 「ち(치)」를 「じ(지)」로 발음하거나 「つ(츠)」를 '쓰'나 '쯔'로 부자연스럽게 발음하는 것이다 .
일본에서는 동양인을 얼굴만으로 구별하기 힘들 때가 있는데, 이때 일본어 「ち」와 「つ」의 발음을 들어보면 한국인인지 아닌지를 금방 알 수 있다. 그만큼 한국어를 모어로 하는 학습자에게는 구별이 까다로운 발음 중의 하나이다.

Japanese culture

## 도쿄의 탈 것 I

**✠ 전철과 지하철**

도쿄에는 JR전철(JR에서 운영-7개 노선)과 도쿄 매트로(東京メトロ) 민간이 운영-9개 노선), 도에(都営) 지하철(도쿄 교통국이 운영-4개 노선)과 사철(私鉄;민간기업이 운영-4개 노선)이 복잡하게 얽혀 달리고 있다.기본 요금은 1~3구간이 130엔~160엔 정도이다. 주의할 점은 운영회사가 다르니만큼 환승할 때마다 따로 표를 구매해야 한다.

**✠ 부도심선(副都心線)**

부도심선은 사이타마(埼玉)의 와코시(和光市)역에서 도쿄의 시부야(渋谷)역까지를 연결하는 도쿄메트로 철도노선이다. 노선명은 3대 부도심인 이케부쿠로(池袋), 신주쿠(新宿), 시부야를 종단하는 노선의 특색을 살려 붙인 것이다. 총 소요시간은 35분(각 역 정차의 경우), 요금은 종점에서 종점까지 270엔이다.

또 한 가지, 전철의 경우 정차하는 역에 따라 3~4가지 종류가 있으니, 반드시 가는 목적지와 시간표를 확인하고 타야 한다. 모르면 반드시 역무원이나 다른 사람에게 물어보자. 두 정거장 가는데 급행을 타면 난감하니까.

지하철 티켓을 잘못 구매했을 때는 개찰구 입구에 있는 자동정산기(乗り越し精算)에, 티켓을 넣고 부족한 요금을 넣으면 티켓이 다시 발행되어 나온다. 도쿄의 전철역이나 지하철 역에는 한국어 안내도 많아 당황하지 않아도 된다.

# 北海道へ 行きます。

## 11, 12과

🔊 49

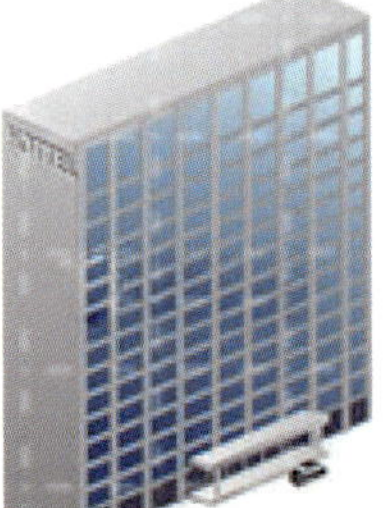



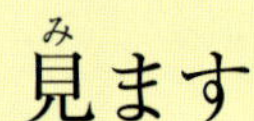

み
見ます

ホテル

い
行きます

08:00~09:00

バス

じ かん
1 時間

れんきゅう
連休

ひとり　　ふたり
一人 / 二人

🔊 **50**

**1** 札幌で 雪祭りを 見ます。

**2** 北海道へ 行きます。

**3** バスで 1時間ぐらいです。

**4** パクさんと 湯布院へ 行きます。

**5** いつ 行きますか。

🔊 51

鈴木：あれ、キムさん、旅行の サイト？

キム：ええ。北海道へ 行きます。札幌で 雪祭りを 見ます。

　　それで、ホテルや 札幌の 情報を…。

鈴木：わあ、いいですね。

キム：鈴木さん、ほかに どこが いいですか。

鈴木：キムさん、一人？ 何日ぐらい 行きますか。

キム：ええ、まあ…。あのう、2月9日から 4日間です。

鈴木：じゃ、小樽は どうですか。とても きれいな 所ですよ。

　　札幌から バスで1時間ぐらいです。

キム：そうですか。ありがとう。

鈴木：ところで キムさん、だれと 行きますか。

単語　旅行(りょこう) 여행　｜　サイト 인터넷사이트　｜　北海道(ほっかいどう) 홋카이도(지명)　｜　～へ ～에/로 (이때 발음은 [e]로 한다)　｜　～で ① ～에서(장소) ② ～로(수단)　｜　雪祭(ゆきまつ)り 눈 축제　｜　見(み)る 보다　｜　それで 그래서　｜　ホテル 호텔　｜　～や ～이며, ~랑 (두 개 이상의 사물을 열거할 때 쓰는 조사)　｜　情報(じょうほう) 정보　｜

ほかに 또, 거기 말고　｜　一人(ひとり) 한 사람, 혼자　｜　行(い)く 가다　｜　2月(にがつ) 2월　｜　9日(ここのか) 9일　｜

4日間(よっかかん) 4일간　｜　小樽(おたる) 오타루(홋카이도에 있는 관광명소)　｜　所(ところ) 곳, 장소　｜　バス 버스　｜

1 時間 (いちじかん) 한 시간　｜　くらい(ぐらい) 정도　｜　ところで 그런데

## 1 동사

일본어의 동사는 사람이나 사물의 동작·작용·존재를 나타내며, 기본형은 「う단」으로 끝난다(う、く、ぐ、す、つ、ぬ、ぶ、む、る). 동사는 활용의 종류에 따라 3종류로 나뉜다.

## 2 동사활용의 종류

| 동사의 종류 | | 형태 | 예 |
|---|---|---|---|
| 규 칙 동 사 | 1(그룹) | ① 어미가 う단(う、く、す、つ、ね、む、ぐ、ぶ)으로 끝나는 경우 | 行く / 飲む / 買う |
| | | ② 어미가 「る」로 끝나고 「る」 앞이 「あ단」「う단」「お단」일 경우 | ある / 降る / おる |
| | 2(그룹) | 어미가 「る」로 끝나고 「る」 앞이 「い단」「え단」일 경우 | 見る / 起きる 寝る / 食べる |
| 불규칙 동사 | 3(그룹) | 불규칙적으로 활용 | くる / する |

※ 1그룹을 「5단동사」, 2그룹을 「1단동사」라 부르기도 한다.

## 동사의 ます형(정중형)　　～합니다

동사의 정중형은 동사의 연용형에 말하는 사람의 정중함을 나타내는 조동사「ます」를 접속시킨다.
「ます」의 부정형은「ません」으로 나타낸다.

| 동사의<br>종류 | 기본형 | 정중형<br>(ます) | 정중형의 부정<br>(ません) | 접속 |
|---|---|---|---|---|
| 1 | 読む<br>行く | よみます<br>いきます | よみません<br>いきません | 어미「-u」를「-i」로 바꾸어<br>「ます、ません」을 접속시킨다. |
| 2 | 見る<br>食べる | みます<br>たべます | みません<br>たべません | 어미「-る」를 탈락시키고<br>「ます、ません」을 접속시킨다. |
| 3 | する | します | しません | する→し에「ます、ません」을<br>접속시킨다. |
| | くる | きます | きません | くる→き에「ます、ません」을<br>접속시킨다. |

*의문문은 문말에 조사「か」를 붙여서 만든다.

••• 毎日 何時に 寝ますか。 매일 몇 시에 잡니까?
10時に 寝ます。 10시에 잡니다.

### 4 ~ね

문말에 사용하는 조사 「ね」는 말하는 이가 상대방의 동의, 동감 등을 구하거나 어떤 사실에 대해 확인하는 기능이 있다.

- テストは あしたですね。 시험은 내일이지요. (확인)

  ええ、そうです。 네, 그래요.
- 毎日 暑いですね。 매일 덥군요. (동의를 구하는 표현)

  そうですね。 그렇네요. (동의)

### 5 (장소)で 동사

동작이 일어나는 장소는 조사 「で」를 사용하며 존재하는 장소는 「に」를 사용한다.

- 食堂で ごはんを 食べます。 식당에서 밥을 먹습니다.

  図書館で 本を 借ります。 도서관에서 책을 빌립니다.

### 6 ~명사と 동사

동작을 함께할 경우 함께하는 사람 다음에 조사 「と」를 사용한다.

•••  だれと 帰りますか。 누구와 같이 돌아갑니까?
中村さんと 二人で 来ます。 나카무라 씨와 함께 옵니다.




교통 수단을 나타낼 때는 조사 「で」를 사용한다.

•••  地下鉄で 家へ 帰ります。 지하철로 집에 돌아갑니다,
京都まで 新幹線で 行きます。 교토까지 신칸센으로 갑니다.




격조사(格助詞) 「へ」는 동작의 방향이나 목적지를 나타낼 때 쓰이는 조사이다.
「会社に 行きます(회사에 갑니다)」의 「に」도 동작의 방향을 나타내는 조사이지만, 「に」는 「へ」보다
목적지, 즉 도달점을 강하게 나타낸다.

•••  みどりさんは 毎日 6時ごろ 家へ 帰ります。 미도리 씨는 매일 6시경에 집으로 갑니다.
いつも 9時ごろに 学校へ 行きます。 언제나 9시경에 학교에 갑니다.

해설

| 그룹 | 자주 사용하는 동사 | | |
|---|---|---|---|
| 1그룹 | • 会う 만나다 | • 遊ぶ 놀다 | • ある 있다 |
| | • 歩く 걷다 | • 言う 말하다 | • 行く 가다 |
| | • 動く 움직이다 | • 打つ 치다 | • 移す 옮기다 |
| | • 驚く 놀라다 | • 思う 생각하다 | • 泳ぐ 헤엄치다 |
| | • 買う 사다 | • 書く 쓰다 | • 隠す 숨기다 |
| | • 貸す 빌려주다 | • 勝つ 이기다 | • 聞く 듣다 |
| | • 消す 지우다 | • 探す 찾다 | • 指す 가리키다 |
| | • 死ぬ 죽다 | • 出す 내다 | • 頼む 부탁하다 |
| | • 作る 만들다 | • 撮る 찍다 | • 泣く 울다 |
| | • 飲む 마시다 | • 乗る 타다 | • 話す 이야기하다 |
| | • 働く 일하다 | • 待つ 기다리다 | • 持つ 가지다 |
| | • 休む 쉬다 | • 呼ぶ 부르다 | • 笑う 웃다 |
| 2그룹 | • いる 있다 | • 起きる 일어나다 | • 教える 가르치다 |
| | • 覚える 기억하다 | • 降りる 내리다 | • 着る 입다 |
| | • 食べる 먹다 | • 出来る 할수 있다 | • 出る 나가다 |
| | • 寝る 자다 | • 見る 보다 | • 忘れる 잊다 |
| 3그룹 | • する 하다 | • 来る 오다 | |

※ 글자의 모양으로는 2그룹에 해당되는 동사이지만 예외로 1그룹인 경우가 있다.

• 要る 필요하다　　• 切る 자르다　　• 知る 알다

• 帰る 돌아가다　　• 入る 들어오다　　• 走る 달리다

# <ruby>私<rt>わたし</rt></ruby>は どこへも <ruby>行<rt>い</rt></ruby>きません。

🔊 52

斉藤：連休、何を しますか。

イ　：九州へ 行きます。

斉藤：九州？

イ　：ええ、妹と 二人で 湯布院の 温泉へ。

斉藤：温泉か。いいなあ。

イ　：斉藤さんは。

斉藤：私は どこへも 行きません。

단어　連休(れんきゅう) 연휴 ｜ 九州(きゅうしゅう) 규슈(지명) ｜ 妹(いもうと) 여동생 ｜
湯布院(ゆふいん) 유후인 (규슈지방의 온천명소)

🔊 53

チェ：もしもし、鈴木さん、チェです。

鈴木：ああ、チェさん、お元気ですか。

チェ：ええ。私、明日から 大阪へ 出張します。

鈴木：出張？

チェ：はい。課長と ３泊４日です。

鈴木：大変ですね。

　　　じゃ、おいしい たこやきの 店を 紹介しますよ。

チェ：本当？ ありがとうございます。

**단어** | もしもし 여보세요 (전화 통화할 때) | お元気(げんき)ですか 안녕하십니까? | 明日(あした) 내일 |
大阪(おおさか) 오사카 (지명) | 出張(しゅっちょう)します 출장입니다 | 課長(かちょう) 과장 |
3泊4日(さんぱくよっか) 3박 4일 | 大変(たいへん)ですね 힘드시겠네요 | たこやき 다코야키 |
店(みせ) 가게, 점포 | 紹介(しょうかい) 소개

**1**

しゅうまつ
週末は
なに
何を しますか。
えい が み
映画を 見ます。

**2**

なつやす
夏休みは どこへ
い
行きますか。
おおさか
大阪へ
い
行きます。
OSAKA

**3**

ひろしま
広島まで どのくらい
かかりますか。
しんかんせん
新幹線で
よ じ かん
4時間ぐらい
かかります。
東京駅　広島駅
7時 → 11時

**4**

**5**

**(1~6) 주어진 단어를 사용하여 보기와 같이 바꾸어 연습하세요.**

**1** ___________ へ ___________ ます。

**2**
A : 何（なに）を ___________ ますか。

B : ___________ を ___________ ます。

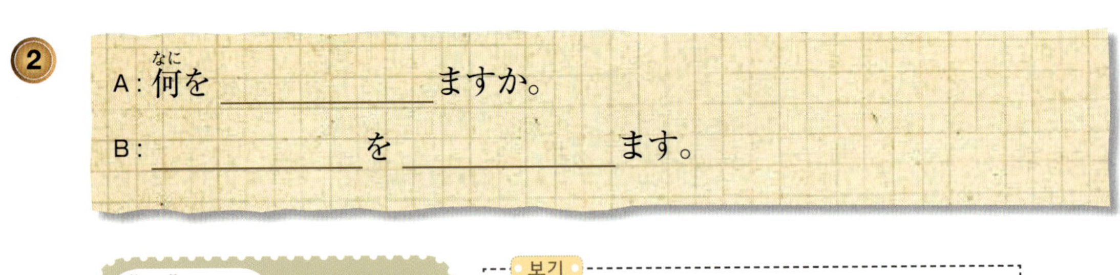

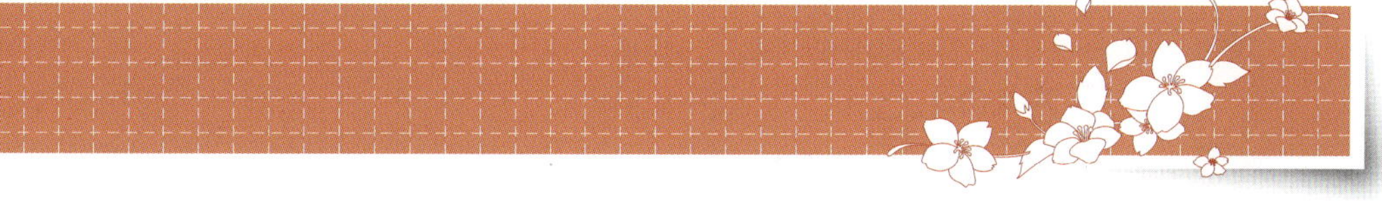

1) 
見る
ドラマ

2) 
食べる
おにぎり

3) 
飲む
コーヒー

4) 
勉強する
日本語

**3**

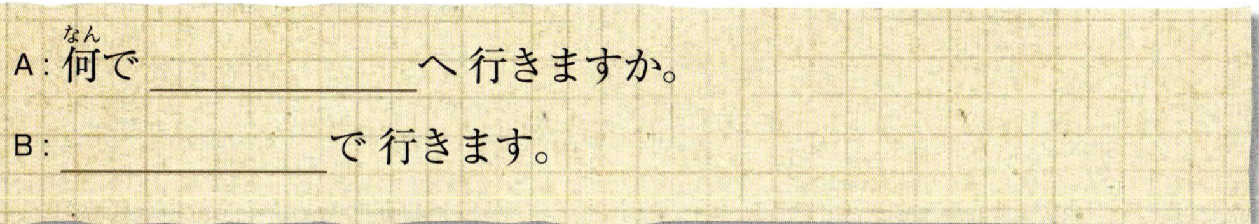

学校
バス



1) 
アメリカ
飛行機

2) 
九州
船

□ くる 오다　□ 家（いえ）집　□ 帰（かえ）る 돌아가다　□ 買（か）う 사다　□ ドラマ 드라마　□ 食（た）べる 먹다
□ おにぎり 주먹밥　□ 飲（の）む 마시다　□ コーヒー 커피　□ 勉強（べんきょう）する 공부하다
□ 飛行機（ひこうき）비행기　□ 船（ふね）배

3) 
京都
新幹線

4) 
駅
バス

**④** __________で__________を__________ます。

図書館
新聞
読む

보기
➡ 図書館で 新聞を 読みます。

1) 
部屋
ごはん
食べる

2) 
お手洗い
手
洗う

3) 
教室
宿題
する

4) 
デパート
ネクタイ
買う

□ 新幹線(しんかんせん) 신칸센　□ 駅(えき) 역　□ 読(よ)む 읽다　□ 部屋(へや) 방　□ ごはん 밥　□ 手(て) 손
□ 洗(あら)う 씻다　□ 宿題(しゅくだい) 숙제　□ ネクタイ 넥타이

**⑤**

A: ______________ を ______________ ますか。

B: はい、______________ ます。 / いいえ、______________ ません。

すし
食べる



➡ すしを　食べますか。

はい、食べます。 / いいえ、食べません。

1)

お酒
飲む

2)

テニス
する

3)

テレビ
見る

4)

クラシック音楽
きく

▫ お酒(さけ) 술　　▫ 聞(き)く 듣다

**6**

A : いつ ＿＿＿＿＿ へ 行きますか。

B : ＿＿＿＿＿ に 行きます。

東京
5月2日

―보기―
➡ いつ 東京へ 行きますか。
5月2日に 行きます。

1) 
アメリカ
9月4日

2) 
ロンドン
1月9日

3) 
中国
7月7日

4) 
大阪
4月20日

□ ロンドン 런던　□ いつ 언제

**(1~3) 다음을 보기와 같이 바꾸어 연습하세요.**

**1** 다음을 보고 친구들에게 물어보세요.

> **보기**
>
> A : あした、<u>アメリカ</u>へ 行きます。
>
> B : 何で 行きますか。
>
> A : <u>飛行機</u>で 行きます。
>
> B : 一人で 行きますか。
>
> A : いいえ、<u>家族</u>と 行きます。

1) 東京 / 新幹線 / 友達

2) プサン / 高速バス / 会社の人

3) コンサート / 電車 / 彼女

4) 病院 / タクシー / 母

□ 家族(かぞく) 가족　　□ 高速(こうそく)バス 고속버스　　□ コンサート 콘서트　　□ 彼女(かのじょ) 여자친구

□ タクシー 택시　　□ 母(はは) 어머니(자기 어머니를 남에게 이야기할 때)

**2**

> **보기**
>
> A : <u>連休</u>、何を しますか。
>
> B : <u>九州</u>へ 行きます。
>
> A : <u>九州</u>？
>
> B : ええ、<u>パクさん</u>と 二人で <u>湯布院</u>へ。
>
> A : <u>湯布院</u>か。いいなぁ。

1) 週末 / 新宿 / 彼氏 / コンサート

2) 今晩 / 六本木 / 彼女 / パーティー

3) あした / 新宿 / 妹 / 伊勢丹

4) ゴールデンウィーク / ハワイ / 友達 / ワイキキ

**3**

> **보기**
>
> A : 田中さん、 何日ぐらい 行きますか。
>
> B : <u>2月9日</u>から <u>4日間</u>です。

1) 5月1日 / 2日間

2) 7月4日 / 3日間

3) 10月8日 / 1週間

4) 12月20日 / 2週間

□ 彼氏 (かれし) 남자친구　□ 今晩 (こんばん) 오늘밤　□ 六本木 (ろっぽんぎ) 롯본기 (지명)　□ あした 내일
□ 伊勢丹 (いせたん) 이세탄 백화점　□ ゴールデンウィーク 황금연휴(일본에서는 4월 말에서 5월 초)　□ ハワイ 하와이
□ ワイキキ 와이키키　□ ~週間 ~주일 동안

**4** 다음 스즈키 씨의 일정을 보고 아래 〔보기〕에서 알맞은 동사를 찾아 질문에 답하세요.

9月

| 日 | 月 | 火 | 水 | 木 | 金 | 土 |
|---|---|---|---|---|---|---|
|  |  |  | 1 | 2 | 3 | 4 |
|  |  |  |  | キムさんと<br>映画<br>(3時、渋谷駅<br>ハチ公前) |  |  |
| 5 | 6 | 7 | 8 | 9 | 10 | 11 |
| 図書館<br>2時 |  | アルバイト | ◄～～～～～ 修学旅行 (大阪) ～～～～～► | | | |
| 12 | 13 | 14 | 15 | 16 | 17 | 18 |
|  |  | アルバイト |  |  |  |  |
| 19 | 20 | 21 | 22 | 23 | 24 | 25 |
|  | デパート<br>(木村さんの<br>誕生プレゼ<br>ント) | アルバイト |  |  |  |  |

1) 鈴木さんは 9月 2日に 映画を (　　　　　) ます。

2) 鈴木さんは 9月 2日に キムさんと 渋谷駅で (　　　　　) ます。

3) 鈴木さんは 毎週 火曜日に (　　　　　) ます。

4) 鈴木さんは 9月 8日から 11日まで 大阪(修学旅行)に (　　　　　) ます。

5) 鈴木さんは 9月 20日に デパートで プレゼントを (　　　　　) ます。

> 〔보기〕
>
> 会(あ)う　　見(み)る　　アルバイトする　　行(い)く　　買(か)う

- 映画(えいが) 영화　□ ハチ公(こう) 시부야 역 앞의 명소　□ 前(まえ) 앞　□ アルバイト 아르바이트
- 修学旅行(しゅうがくりょこう) 수학 여행　□ 誕生(たんじょう)プレゼント 생일선물　□ 会(あ)う 만나다
- 毎週(まいしゅう) 매주

# 듣기연습

🔊 **55**

**1** 다음 대화를 잘 듣고 맞는 내용에 V를 하세요.

② 다음 대화를 잘 듣고 맞는 그림에 V를 하세요.

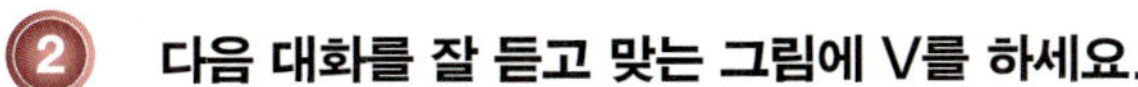

1) 本田さんは

2) 木村さんは

3) 斉藤さんは

③ 다음 내용을 잘 듣고 맞으면 ○, 틀리면 X를 하세요.

1) (　　　)　　　2) (　　　)　　　3) (　　　)

4) (　　　)　　　5) (　　　)

 지금까지 배운 내용을 잘 생각하며 다음 회화 표현을 쓰고 말해 보세요.

**札幌 / 雪祭り**

A：週末、何を しますか。
B：札幌へ 行きます。
A：札幌で 何を しますか。
B：雪祭りを 見ます。

1) **新宿 / 映画**

A：
B：
A：
B：

2) **図書館 / 本、読む**

A：
B：
A：
B：

3)

A：
B：
A：
B：

# 우체국에서

 音声（発音）ワンポイント

일본어 발음 중의 하나인 촉음(促音)은 「つ」를 작게 한 「っ」로 표기된다. 이것은 실제로 발음을 할 때 「っ」라고 발음을 하는 것이 아니라 한 박자 쉰다는 것을 의미한다.

예를 들면 「来て(きて) : 오고」는 2박자의 길이로 발음하지만, 「切って(きって) : 자르고)」는 3박자의 길이로 발음해야 한다.

# Japanese culture

**✠ 센토(銭湯)**

지금은 대도시의 외곽에만 있지만, 우리나라의 공중목욕탕에 해당하는 시설이 센토이다. 특징은 남녀탕의 윗부분이 막혀 있지 않다는 점과, 주인은 남녀탕을 모두 왔다 갔다 할 수 있다는 점이다. 목욕탕 주인의 특권이랄까? 지켜야 할 점은 중요한 곳은 수건으로 가리면서 다녀야 하고(우리나라처럼 벌거벗고 위풍당당하게 다니는 건 일본에서는 민망의 극치이다), 때를 밀지 말고 씻어야 한다. 일본사람들은 목욕을 '때를 민다'는 개념보다는 '몸을 따뜻하게 한다'는 의식이 강하기 때문에, 비누로 몸을 씻고, 탕에 들어갔다가 나와서 머리 감고 끝내기 때문에 상대적으로 목욕 시간도 짧다.

### ✿ 온천(温泉)

일본에는 화산이 많아 화산성 온천이 많고, 온천지에 관련된 신화나 전설
또한 많다. 고대에는 온천에 신이 산다고 믿어 신을 모시는 행사가 열렸다
고 한다. 온천이 보편화 된 것은 가마쿠라 시대(1185~1333년) 부터인데,
특히 19세기 말에 온천 파는 기술이 발달하면서 급격히 그 수가 증가했다.
일본의 온천 수는 약 2만 7천개 정도이고, 그 중 1/10이 벳푸(別府)에 위치
하고 있다. 일본에서 온천에 갈 때 주의할 점은 남탕과 여탕의 위치가 바
뀌는 곳도 있으니, 반드시 들어가기 전에 남녀표시를 확인하고 들어가자.
잘못 들어갔다간 오도가도 못하는 신세가 될 수도 있으니…

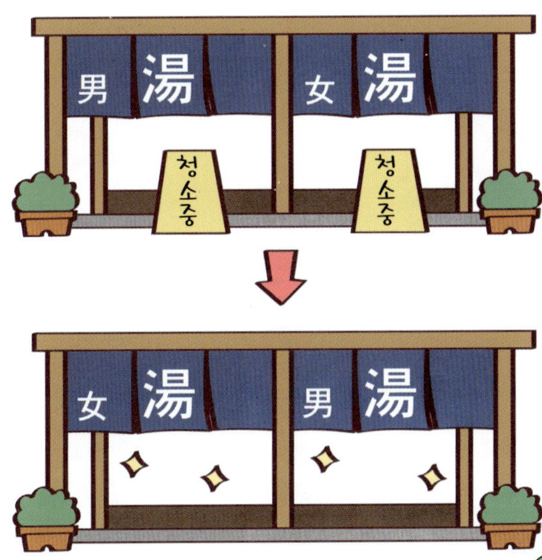

# 부록

## 제4과

1. 예) A：日本人ですか。

   B：はい、そうです。

   1) A：会社員ですか。

      B：いいえ、会社員じゃ ありません。
      学生です。

   2) A：経済学部ですか。

      B：はい、そうです。
      経済学部です。

   3) A：佐藤さんですか。

      B：いいえ、佐藤じゃ ありません。
      斉藤です。

   4) A：一年生ですか。

      B：はい、そうです。

2. 예) A：はじめまして。本田です。
      どうぞよろしく お願いします。

      B：はじめまして。キムです。
      こちらこそ、どうぞよろしく。

   1) A：田中さん、こちら、キムさんで
      す。私の 友達です。

      B：はじめまして。キムです。
      よろしく お願いします。

   2) A：はじめまして。チェジュンス
      です。私は 韓国人です。

      B：はじめまして。
      田中由美です。チェさんは
      学生ですか。

3. みなさん、はじめまして。パクユミ
   です。韓国人です。出身は 釜山で
   す。釜山は 魚で 有名です。日本は
   はじめてです。どうぞ よろしく お
   願いします。

   예) パクさんは 韓国人です。
   1) パクさんの 出身は ソウルです。
   2) パクさんは、日本は はじめて
      です。
   3) 釜山は 魚で 有名です。

1. 예) A : これは 何ですか。
　　　 B : それは かばんです。

　1) A : それは 何ですか。
　　 B : これは ノートです。

　2) A : あれは 何ですか。
　　 B : あれは かさです。

　3) A : これも ノートですか。
　　 B : いいえ、それは ノートじゃ
　　　　 ありません。本です。

2. 예) A : この 本は キムさんのですか。
　　　 B : いいえ、キムさんのじゃ
　　　　　 ありません。イさんのです。

　1) A : その シャーペンは 木村さん
　　　　 のですか。
　　 B : はい、そうです。
　　　　 木村さんのです。

2) A : あのいすは 本田さんのですか。
　 B : いいえ、あれは 本田さんの
　　　 じゃ ありません。
　　　 田中さんのです。

3) A : この ノートは 先生のですか。
　 B : いいえ、それは 私のじゃ あ
　　　 りません。斉藤さんのです。

3. 1) キム : 鈴木さん、それは 何ですか。
　　 鈴木 : どれですか。
　　 キム : その 白い 魚ですよ。
　　 鈴木 : ああ、これは タイですよ。
　　 キム : それは いくらですか。
　　 鈴木 : 120円ですよ。

　2) キム : 斉藤さん、あれは 何ですか。
　　 斉藤 : どれですか。
　　 キム : あの 赤い 魚ですよ。
　　 斉藤 : ああ、あれは マグロですよ。
　　 キム : あれは いくらですか。
　　 斉藤 : 150円ですよ。

1. 예)　A : ここは なんですか。
　　　　　B : スーパーです。

　　1) A : ここは なんですか。
　　　　B : 郵便局です。

　　2) A : あそこは なんですか。
　　　　B : 教室です。

　　3) A : ここも 教室ですか。
　　　　B : いいえ、教室じゃ ありません。
　　　　　　事務室です。

2. 예)　A : あのう、こちらは 何時まで
　　　　　　ですか。
　　　　　B : 8時までです。
　　　　　A : 朝は 何時からですか。
　　　　　B : 10時半からです。

　　1) A : あのう、こちらは 何時までで
　　　　　すか。

　　　　B : 9時半までです。
　　　　A : 朝は 何時からですか。
　　　　B : 11時からです。

　　2) A : あのう、こちらは 何時までで
　　　　　すか。
　　　　B : 7時までです。
　　　　A : 朝は 何時からですか。
　　　　B : 10時半からです。

　　3) A : あのう、こちらは 何時までで
　　　　　すか。
　　　　B : 4時半までです。
　　　　A : 朝は 何時からですか。
　　　　B : 9時半からです。

3.　　ペ : すみません、この さいふ くだ
　　　　　さい。
　　店員 : かしこまりました。4500円に
　　　　　なります。おつつみ しますか。
　　　　ペ : はい。
　　店員 : おリボンの 色は、どう なさ
　　　　　いますか。

ペ：ブルー、お願いします。

店員：おまたせ しました。こちらに
　　　なります。

ペ：あのう、こちらは 何時までで
　　すか。

店員：8時までです。

ペ：あのう、朝は 何時からですか。

店員：9時半からです。水曜日は 休
　　　みです。


1) ここは さいふ売り場です。
2) さいふは 5400円です。
3) ここは 8時からです。
4) 火曜日は 休みです。


## 제10과


1. 예) A：今日は 暑いですか。
　　　　B：はい、暑いです。


1) A：トンカツは 高いですか。
　　B：はい、少し 高いです。

2) A：日本の 町は きれいですか。
　　B：はい、とても きれいです。

3) A：今日は 忙しいですか。
　　B：いいえ、あまり 忙しく ないで
　　　す。暇です。


4) A：バスは 便利ですか。
　　B：いいえ、あまり 便利じゃ あり
　　　ません。不便です。


2. 예) A：田中さんは 親切ですか。
　　　　B：はい、とても 親切です。
　　　　　そして ハンサムです。


1) A：韓国の 電車は 便利ですか。
　　B：はい、とても 便利です。
　　　そして きれいです。


2) A：図書館は きれいですか。
　　B：はい、とても きれいです。
　　　そして 静かです。


3) A：東京の 地下鉄は 複雑ですか。

B：ええ、少し 複雑ですが、便利

です。

4) A：この店、お客さん、多いですね。

B：ええ、少し 多いですが、とても

おいしいですよ。

3.　イ：日本の 学食は 広いですね。

木村：えっ、そうですか。韓国の

学食は 広く ないですか。

イ：はい。あまり 広く ないです。

木村：そうですか。韓国の 学食は

便利ですか。

イ：はい、とても 便利ですよ。

日本は どうですか。

木村：そうですね、日本の 学食も

便利ですが、高いです。

イ：そうですか。あっ、ラーメン

ですね。ラーメンは いくらで

すか。

木村：ええと、500円です。

イ：500円！高いですね。

1) 日本の 学食は 広いです。
2) 韓国の 学食も 広いです。
3) 韓国の学食は便利じゃありません。
4) 日本の 学食は 高いです。
5) ラーメンは 200円です。

## 제12과

1. 예) A：日曜日、何を しますか。
　　B：図書館へ 行きます。

1) A：何で 行きますか。
　B：バスで 行きます。

2) A：だれと 行きますか。
　B：一人で 行きます。

3) A：図書館で 何を しますか。
　B：本を 読みます。

4) A：いつ 家へ 帰りますか。
　B：8時に 帰ります。

2. 예) A：田中さんは 週末 何をしますか。
　　　B：デパートへ 行きます。デパー
　　　　トで くつを 買います。

1) A：本田さんは 今晩 何を しま
　　　すか。
　　B：映画を 見ます。
　　A：一人で 見ますか。
　　B：いいえ、友達と 見ます。

2) A：木村さん、週末 どこへ 行きま
　　　すか。
　　B：どこへも 行きません。家で テ
　　　レビを 見ます。

3) A：斉藤さん、土曜日、何をしますか。
　　B：金曜日から 大阪へ 出張します。
　　A：出張？
　　B：はい、課長と 2泊3日です。

3. 鈴木：キムさん、こんにちは。
　　キム：こんにちは。
　　鈴木：毎日 大変ですね。
　　キム：ええ、でも、週末は 忙しく
　　　　　ないです。暇です。

鈴木：それでは、週末は 何をしますか。
キム：そうですね。大体、家で 休み
　　　ますね。
鈴木：そうですか。家で 何をしますか。

キム：朝 11時まで 寝ます。それか
　　　ら ご飯を 食べます。
鈴木：夜は 何を しますか。テレビ
　　　を 見ますか。
キム：いいえ、テレビは 見ません。
　　　部屋で 静かな 音楽を 聞きます。

1) キムさんは 毎日 大変ですが、
　　週末は 忙しく ないです。
2) キムさんは 週末、コンサートへ
　　行きます。
3) キムさんは 日曜日、朝 7時に
　　起きます。
4) キムさんは 土曜日の夜、テレビを
　　見ます。
5) キムさんは クラシック音楽を
　　聞きます。

## 제4과

1. 1) ① 2) ② 3) ② 4) ③
2. 1) ① 2) ②
3. 1) × 2) ○ 3) ○

## 제6과

1. 1) ① 2) ③ 3) ①
2. 1) ① 2) ② 3) ②
3. 1) ① 2) ③

## 제8과

1. 1) ① 2) ③ 3) ②
2. 1) 11時 / 9時半  2) 10時半 / 7時
   3) 9時半 / 4時半
3. 1) ○ 2) × 3) × 4) ×

## 제10과

1. 1) ① 2) ① 3) ③ 4) ②
2. 1) ③, ④ 2) ②, ③ 3) ③, ④ 4) ①, ③
3. 1) ○ 2) × 3) × 4) ○ 5) ×

## 제12과

1. 1) ② 2) ③ 3) ① 4) ②
2. 1) ② 2) ① 3) ③
3. 1) ○ 2) × 3) × 4) × 5) ○

## ▶ 숫자 읽기

| 1 | 2 | 3 | 4 | 5 | 6 | 7 | 8 | 9 |
|---|---|---|---|---|---|---|---|---|
| いち<br>一 | に<br>二 | さん<br>三 | し　よん<br>四　四 | ご<br>五 | ろく<br>六 | しち　なな<br>七　七 | はち<br>八 | く　きゅう<br>九　九 |
| **10** | **20** | **30** | **40** | **50** | **60** | **70** | **80** | **90** |
| じゅう<br>十 | にじゅう<br>二十 | さんじゅう<br>三十 | よんじゅう<br>四十 | ごじゅう<br>五十 | ろくじゅう<br>六十 | ななじゅう<br>七十 | はちじゅう<br>八十 | きゅうじゅう<br>九十 |
| **100** | **200** | **300** | **400** | **500** | **600** | **700** | **800** | **900** |
| ひゃく<br>百 | にひゃく<br>二百 | さんびゃく<br>三百 | よんひゃく<br>四百 | ごひゃく<br>五百 | ろっぴゃく<br>六百 | ななひゃく<br>七百 | はっぴゃく<br>八百 | きゅうひゃく<br>九百 |
| **1,000** | **2,000** | **3,000** | **4,000** | **5,000** | **6,000** | **7,000** | **8,000** | **9,000** |
| せん<br>千 | にせん<br>二千 | さんぜん<br>三千 | よんせん<br>四千 | ごせん<br>五千 | ろくせん<br>六千 | ななせん<br>七千 | はっせん<br>八千 | きゅうせん<br>九千 |

| 10,000 | 100,000 | 1,000,000 | 10,000,000 | 100,000,000 |
|---|---|---|---|---|
| いちまん<br>一万 | じゅうまん<br>十万 | ひゃくまん<br>百万 | いっせんまん<br>一千万 | いちおく<br>一億 |

## ▶ 조수사 읽기

| | 1 | 2 | 3 | 4 | 5 | 6 | 7 | 8 | 9 | 10 | ? |
|---|---|---|---|---|---|---|---|---|---|---|---|
| 작은<br>물건 | ひと<br>一つ | ふた<br>二つ | みっ<br>三つ | よっ<br>四つ | いつ<br>五つ | むっ<br>六つ | なな<br>七つ | やっ<br>八つ | ここの<br>九つ | とお<br>十 | いくつ |
| 사람 | ひとり<br>一人 | ふたり<br>二人 | さんにん<br>三人 | よにん<br>四人 | ごにん<br>五人 | ろくにん<br>六人 | ななにん<br>七人 | はちにん<br>八人 | きゅうにん<br>九人 | じゅうにん<br>十人 | なんにん<br>何人 |
| 나이 | いっさい<br>一才 | にさい<br>二才 | さんさい<br>三才 | よんさい<br>四才 | ごさい<br>五才 | ろくさい<br>六才 | ななさい<br>七才 | はっさい<br>八才 | きゅうさい<br>九才 | じゅっさい<br>十才 | なんさい<br>何才 |
| 컵<br>그릇 | いっぱい<br>一杯 | にはい<br>二杯 | さんばい<br>三杯 | よんはい<br>四杯 | ごはい<br>五杯 | ろっぱい<br>六杯 | ななはい<br>七杯 | はっぱい<br>八杯 | きゅうはい<br>九杯 | じゅっぱい<br>十杯 | なんばい<br>何杯 |
| 자동차<br>기계 | いちだい<br>一台 | にだい<br>二台 | さんだい<br>三台 | よんだい<br>四台 | ごだい<br>五台 | ろくだい<br>六台 | ななだい<br>七台 | はちだい<br>八台 | きゅうだい<br>九台 | じゅうだい<br>十台 | なんだい<br>何台 |
| 신는 것<br>구두, 양말 | いっそく<br>一足 | にそく<br>二足 | さんぞく<br>三足 | よんそく<br>四足 | ごそく<br>五足 | ろくそく<br>六足 | ななそく<br>七足 | はっそく<br>八足 | きゅうそく<br>九足 | じゅっそく<br>十足 | なんぞく<br>何足 |
| 긴 물건 | いっぽん<br>一本 | にほん<br>二本 | さんぼん<br>三本 | よんほん<br>四本 | ごほん<br>五本 | ろっぽん<br>六本 | ななほん<br>七本 | はっぽん<br>八本 | きゅうほん<br>九本 | じゅっぽん<br>十本 | なんぼん<br>何本 |
| 얇은<br>물건 | いちまい<br>一枚 | にまい<br>二枚 | さんまい<br>三枚 | よんまい<br>四枚 | ごまい<br>五枚 | ろくまい<br>六枚 | ななまい<br>七枚 | はちまい<br>八枚 | きゅうまい<br>九枚 | じゅうまい<br>十枚 | なんまい<br>何枚 |

## ▶ 시간 말하기

| | 1 | 2 | 3 | 4 | 5 | 6 | 7 |
|---|---|---|---|---|---|---|---|
| **時** | いちじ | にじ | さんじ | よじ | ごじ | ろくじ | しちじ |
| | **8** | **9** | **10** | **11** | **12** | **?** | |
| | はちじ | くじ | じゅうじ | じゅういちじ | じゅうにじ | なんじ | |

| | 1 | 2 | 3 | 4 | 5 | 6 | 7 |
|---|---|---|---|---|---|---|---|
| **分** | いっぷん | にふん | さんぷん | よんぷん | ごふん | ろっぷん | ななふん |
| | **8** | **9** | **10** | **20** | **30** | **?** | |
| | はっぷん | きゅうふん | じ(ゅ)っぷん | にじ(ゅ)っぷん | さんじ(ゅ)っぷん | なんぷん | |

## ▶ 월(月) 말하기

| 月 | 1 | 2 | 3 | 4 | 5 | 6 | 7 |
|---|---|---|---|---|---|---|---|
| | いちがつ | にがつ | さんがつ | しがつ | ごがつ | ろくがつ | しちがつ |
| | 8 | 9 | 10 | 11 | 12 | ? | |
| | はちがつ | くがつ | じゅうがつ | じゅういちがつ | じゅうにがつ | なんがつ | |

## ▶ 요일(曜日), 날짜 말하기

| 日曜日<br>にちようび | 月曜日<br>げつようび | 火曜日<br>かようび | 水曜日<br>すいようび | 木曜日<br>もくようび | 金曜日<br>きんようび | 土曜日<br>どようび |
|---|---|---|---|---|---|---|
| | 1日<br>ついたち | 2日<br>ふつか | 3日<br>みっか | 4日<br>よっか | 5日<br>いつか | 6日<br>むいか |
| 7日<br>なのか | 8日<br>ようか | 9日<br>ここのか | 10日<br>とおか | 11日<br>じゅういちにち | 12日<br>じゅうににち | 13日<br>じゅうさんにち |
| 14日<br>じゅうよっか | 15日<br>じゅうごにち | 16日<br>じゅうろくにち | 17日<br>じゅうしちにち | 18日<br>じゅうはちにち | 19日<br>じゅうくにち | 20日<br>はつか |
| 21日<br>にじゅういちにち | 22日<br>にじゅうににち | 23日<br>にじゅうさんにち | 24日<br>にじゅうよっか | 25日<br>にじゅうごにち | 26日<br>にじゅうろくにち | 27日<br>にじゅうしちにち |
| 28日<br>にじゅうはちにち | 29日<br>にじゅうくにち | 30日<br>さんじゅうにち | 31日<br>さんじゅういちにち | | | 何日<br>なんにち |

## ▶ 시간을 나타내는 표현

| おととい<br>그저께 | 昨日<br>きのう<br>어제 | 今日<br>きょう<br>오늘 | 明日<br>あした<br>내일 | あさって<br>모레 |
|---|---|---|---|---|
| 先々週<br>せんせんしゅう<br>지지난주 | 先週<br>せんしゅう<br>지난주 | 今週<br>こんしゅう<br>이번주 | 来週<br>らいしゅう<br>다음주 | 再来週<br>さらいしゅう<br>다다음주 |
| 先々月<br>지지난달 | 先月<br>지난달 | 今月<br>이번달 | 来月<br>다음달 | 再来月<br>다다음달 |
| おととし<br>재작년 | 昨年、去年<br>작년 | 今年<br>올해 | 来年<br>내년 | 再来年<br>내후년 |

# ▶ 색인

| 단어/표현 | 한자표기 | 의미 | 페이지 |
|---|---|---|---|
| **あ** | | | |
| ああ | | 아 | 52 |
| アイスクリーム | | 아이스크림 | 146 |
| あおもりけん | 青森県 | 아오모리 현 | 68 |
| あかい | 赤い | 빨갛다 | 95 |
| あした | 明日 | 내일 | 174 |
| あそこ | | 저기 | 108 |
| あたらしい | 新しい | 새롭다 | 134 |
| あちら | | 저기/저쪽 | 108 |
| あっ | | 앗 | 78 |
| あつい | 暑い | 덥다 | 146 |
| アニメ | | 애니매이션 | 147 |
| あの | | 저 | 78 |
| あまい | あまい | 달다 | 146 |
| あまり | | 그다지/별로 | 134 |
| アメリカじん | アメリカ人 | 미국사람 | 67 |
| あらう | 洗う | 씻다 | 180 |
| ありがとうございます | | 감사합니다 | 86 |
| あれ | | 어? | 108 |
| あれ | | 저것 | 78 |
| あんない | 案内 | 안내 | 142 |
| いい | | 좋다/편리하다 | 135 |
| いいえ | | 아니요 | 52 |
| いいですね | | 좋군요 | 58 |
| いく | 行く | 가다 | 164 |
| イクラ | | 연어알 | 78 |
| いくら | | 얼마 | 78 |
| いけぶくろ | 池袋 | 이케부쿠로 | 134 |

| 단어/표현 | 한자표기 | 의미 | 페이지 |
|---|---|---|---|
| いしゃ | 医者 | 의사 | 65 |
| いす | | 의자 | 98 |
| いせたん | 伊勢丹 | 이세탄 백화점 | 184 |
| いそがしい | 忙しい | 바쁘다 | 147 |
| いちじかん | 1時間 | 한 시간 | 164 |
| いちば | 市場 | 시장 | 121 |
| いちまんえん | 1万円 | 만 엔 | 88 |
| いま | 今 | 지금 | 108 |
| いもうと | 妹 | 여동생 | 172 |
| いろ | 色 | 색/빛깔 | 108 |
| うどん | | 우동 | 94 |
| うめぼし | | 우메보시 | 95 |
| うりば | 売り場 | 파는 곳, 매장 | 108 |
| うれしい | | 기쁘다 | 142 |
| ええ | | 예/네 | 78 |
| ええっ | | 네?/예? | 60 |
| えき | 駅 | 역 | 180 |
| えっ | | 네/예? | 52 |
| ～えん | ～円 | 엔 | 78 |
| エレベーター | | 엘리베이터 | 119 |
| おあずかりします | お預かりします | 받았습니다 | 88 |
| おいしい | | 맛있다 | 78 |
| おおい | 多い | 많다 | 134 |
| おおさか | 大阪 | 오사카(지명) | 68 |
| おかえしです | お返しです | 거스름돈입니다 | 88 |
| おかんじょう | お勘定 | 계산서 | 88 |
| おくに | お国 | 고향, 나라 | 66 |
| おげんきですか | お元気ですか | 건강하십니까 | 174 |
| おごり | | 한턱 냄 | 88 |

| 단어/표현 | 한자표기 | 의미 | 페이지 |
| --- | --- | --- | --- |
| おさけ | お酒 | 술 | 181 |
| おしゃれだ |  | 멋지다 | 153 |
| おたる | 小樽 | 오타루 | 164 |
| おつつみしますか | お包みしますか | 포장해 드릴까요? | 108 |
| おてあらい | お手洗い | 화장실 | 118 |
| おにぎり |  | 주먹밥 | 179 |
| おねがいします | お願いします | 부탁합니다 | 52 |
| おまたせいたしました | お待たせいたしました | 오래 기다리셨습니다 | 108 |
| おもしろい |  | 재미있다 | 142 |
| おんせん | 温泉 | 온천 | 68 |

## か

| 단어/표현 | 한자표기 | 의미 | 페이지 |
| --- | --- | --- | --- |
| がいこくご | 外国語 | 외국어 | 142 |
| がいこくじん | 外国人 | 외국인 | 142 |
| かいしゃいん | 会社員 | 회사원 | 58 |
| かう | 買う | 사다 | 178 |
| かえる | 帰る | 돌아가다 | 178 |
| がくせい | 学生 | 학생 | 58 |
| がくせいかいかん | 学生会館 | 학생회관 | 120 |
| がくぶ | 学部 | 학부 | 60 |
| かさ |  | 우산 | 92 |
| かしこまりました |  | 잘 알겠습니다 | 88 |
| かた | 方 | 분 | 58 |
| かちょう | 課長 | 과장 | 174 |
| がっこう | 学校 | 학교 | 118 |
| かのじょ | 彼女 | 그녀 | 148 |
| かのじょ | 彼女 | 여자친구 | 183 |
| かばん |  | 가방 | 92 |
| かようび | 火曜日 | 화요일 | 114 |

| 단어/표현 | 한자표기 | 의미 | 페이지 |
|---|---|---|---|
| ～から |  | ～부터, ～에서 | 114 |
| ～から |  | ～니까 | 115 |
| カレーうどん |  | 카레 우동 | 94 |
| かれし | 彼氏 | 남자친구 | 184 |
| かわいい |  | 귀엽다 | 134 |
| かんこく | 韓国 | 한국 | 58 |
| かんこくじん | 韓国人 | 한국인 | 58 |
| きいろい | 黄色い | 노랗다 | 95 |
| きく | 聞く | 듣다 | 181 |
| きた | 来た | 왔다 | 134 |
| きたない |  | 더럽다 | 151 |
| きました | 来ました | 왔습니다 | 60 |
| きゅうかんび | 休館日 | 휴관일 | 121 |
| きゅうしゅう | 九州 | 규슈(지명) | 172 |
| きょう | 今日 | 오늘 | 88 |
| きょうしつ | 教室 | 교실 | 118 |
| きらいだ |  | 싫어하다 | 150 |
| きれいだ |  | 예쁘다 | 134 |
| ぎんこう | 銀行 | 은행 | 119 |
| ください |  | 주세요 | 108 |
| くだもの | 果物 | 과일 | 95 |
| くつ |  | 구두 | 93 |
| ぐらい |  | 정도 | 164 |
| クラシック |  | 클래식 | 152 |
| くる | 来る | 오다 | 178 |
| くるま | 車 | 차 | 96 |
| くろい | 黒い | 검다 | 149 |
| けいざいがくぶ | 経済学部 | 경제학부 | 60 |
| ケータイ | 携帯 | 휴대전화 | 86 |

| 단어/표현 | 한자표기 | 의미 | 페이지 |
|---|---|---|---|
| げつようび | 月曜日 | 월요일 | 121 |
| げんきだ | 元気だ | 건강하다 | 148 |
| こうそくバス | 高速バス | 고속버스 | 183 |
| コーヒー | | 커피 | 179 |
| ゴールデンウィーク | | 황금연휴 | 184 |
| ここ | | 여기 | 108 |
| ここのか | 9日 | 9일 | 164 |
| こそ | | ～야 말로 | 58 |
| ごちそうさま(でした) | | 잘 먹었습니다 | 88 |
| こちら | | 이쪽 | 58 |
| こども | 子供 | 아이 | 148 |
| ごはん | | 밥 | 180 |
| こみ | 込み | 포함 | 88 |
| これ | | 이것 | 78 |
| コンサート | | 콘서트 | 183 |
| こんど | 今度 | 이번, 금번 | 78 |

## さ

| 단어/표현 | 한자표기 | 의미 | 페이지 |
|---|---|---|---|
| さいきん | 最近 | 최근 | 142 |
| サイト | | 인터넷 사이트 | 164 |
| さいふ | | 지갑 | 108 |
| さかな | 魚 | 생선 | 86 |
| さけ | | 술 | 78 |
| サケ | | 연어 | 78 |
| ざっし | 雑誌 | 잡지 | 98 |
| さっぽろ | 札幌 | 삿포로 | 68 |
| さびしい | 寂しい | 쓸쓸하다 | 152 |
| さむい | 寒い | 춥다 | 146 |
| ～さん | | ～씨 | 58 |

| 단어/표현 | 한자표기 | 의미 | 페이지 |
|---|---|---|---|
| さんぱくよっか | 3泊4日 | 3박4일 | 174 |
| しおからい | 塩辛い | 짜다 | 151 |
| じしょ | 辞書 | 사전 | 97 |
| しずかだ | 静かだ | 조용하다 | 134 |
| しぶや | 渋谷 | 시부야 | 134 |
| じむしつ | 事務室 | 사무실 | 120 |
| じゃ | | 그럼 | 58 |
| シャーペン | | 샤프펜슬 | 93 |
| 〜じゃ ありません | | 〜이/가 아닙니다 | 52 |
| シャツ | | 셔츠 | 97 |
| しゅくだい | 宿題 | 숙제 | 180 |
| しゅっしん | 出身 | 출신 | 58 |
| しゅっちょうします | 出張します | 출장갑니다 | 174 |
| しょうかい | 紹介 | 소개 | 174 |
| しょうひぜい | 消費税 | 소비세 | 88 |
| じょうほう | 情報 | 정보 | 164 |
| しろい | 白い | 희다 | 86 |
| しんかんせん | 新幹線 | 신간센 | 180 |
| しんじゅく | 新宿 | 신주쿠 | 134 |
| しんせつだ | 親切だ | 친절하다 | 142 |
| スーパー | | 슈퍼마켓 | 119 |
| すぐに | | 곧,바로 | 140 |
| すこし | 少し | 조금 | 140 |
| スポーツ | | 스포츠 | 150 |
| すみません | | 미안합니다, 실례합니다 | 88 |
| せいかつ | 生活 | 생활 | 152 |
| せまい | 狭い | 좁다 | 152 |
| せんせい | 先生 | 선생님 | 148 |
| そうです | | 그렇습니다 | 58 |

| 단어/표현 | 한자표기 | 의미 | 페이지 |
| --- | --- | --- | --- |
| ソウル | | 서울 | 58 |
| そして | | 그리고 | 134 |
| その | | 그 | 86 |
| それ | | 그것 | 78 |
| それで | | 그래서 | 164 |

## た

| 단어/표현 | 한자표기 | 의미 | 페이지 |
| --- | --- | --- | --- |
| タイ | | 도미 | 86 |
| だいじょうぶだ | 大丈夫だ | 괜찮다 | 140 |
| だいすきだ | 大好きだ | 아주 좋아하다 | 150 |
| たいへんですね | 大変ですね | 힘드시겠네요 | 174 |
| たかい | 高い | 높다 | 95 |
| たかい | 高い | 비싸다 | 134 |
| タクシー | | 택시 | 183 |
| たこやき | | 타코야키 | 68 |
| たのしい | 楽しい | 즐겁다 | 147 |
| たべもの | 食べ物 | 음식 | 95 |
| たべる | 食べる | 먹다 | 179 |
| たまご | 卵 | 알 | 78 |
| だれ | | 누구 | 86 |
| ちかてつ | 地下鉄 | 지하철 | 134 |
| ちばけん | 千葉県 | 치바현 | 58 |
| チャメ | | 참외 | 95 |
| ちゅうごく | 中国 | 중국 | 66 |
| ちゅうごくご | 中国語 | 중국어 | 142 |
| ちゅうごくじん | 中国人 | 중국사람 | 65 |
| ちゅうトロ | 中トロ | 참치 살의 부위 | 78 |
| チョコ | | 초콜릿 | 115 |
| つくえ | | 책상 | 98 |

| 단어/표현 | 한자표기 | 의미 | 페이지 |
| --- | --- | --- | --- |
| て | 手 | 손 | 180 |
| ～で | | ～(으)로 | 58 |
| ～で | | ① ～에서(장소)② ～로(수단) | 174 |
| ていきゅうび | 定休日 | 정기휴일 | 121 |
| ディズニーランド | | 디즈니랜드 | 58 |
| ～で ございます | | ～입니다 | 115 |
| ～です | | 입니다 | 52 |
| ～ですか | | ～입니까? | 52 |
| デパート | | 백화점 | 118 |
| テレビ | | 텔레비전 | 97 |
| てんいん | 店員 | 점원, 직원 | 88 |
| てんき | 天気 | 날씨 | 147 |
| でんしゃ | 電車 | 전철 | 134 |
| ～と | | ～라고 | 60 |
| ～と | | ～와/과 | 115 |
| どう | | 어떻게 | 108 |
| とうきょう | 東京 | 도쿄 | 140 |
| どうですか | | 어떻습니까? | 134 |
| どうも | | 고맙다는 의미 | 108 |
| とくに | 特に | 특별히/더 | 134 |
| とけい | 時計 | 시계 | 97 |
| どこ | | 어디 | 108 |
| ところ | 所 | 곳, 장소 | 164 |
| ところで | | 그런데 | 164 |
| としょしつ | 図書室 | 도서실 | 118 |
| どちら | | 어디 | 58 |
| とても | | 매우 | 134 |
| ともだち | 友達 | 친구 | 58 |
| どようび | 土曜日 | 토요일 | 153 |

| 단어/표현 | 한자표기 | 의미 | 페이지 |
| --- | --- | --- | --- |
| ドラマ | | 드라마 | 179 |
| どれ | | 어느 것 | 86 |
| トロ | | 참치 | 78 |
| トンカツ | | 돈까스 | 94 |

**な**

| 단어/표현 | 한자표기 | 의미 | 페이지 |
| --- | --- | --- | --- |
| なさいますか | | 하시겠습니까? | 108 |
| なつ | 夏 | 여름 | 146 |
| なれます | 慣れます | 익숙해집니다 | 140 |
| なん | 何 | 무엇 | 78 |
| なんじ | 何時 | 몇 시 | 108 |
| 〜に なります | | 〜이 됩니다 | 88 |
| 〜にします | | 〜로 하겠습니다 | 78 |
| にがつ | 2月 | 2월 | 164 |
| にぎやかだ | | 번화하다 | 152 |
| にじゅうくにち | 29日 | 29일 | 115 |
| にちようび | 日曜日 | 일요일 | 115 |
| にねんせい | 2年生 | 2학년 | 60 |
| にほん | 日本 | 일본 | 58 |
| にほんご | 日本語 | 일본어 | 179 |
| にほんじん | 日本人 | 일본사람 | 64 |
| ネクタイ | | 넥타이 | 180 |
| ねんじゅうむきゅう | 年中無休 | 연중무휴 | 121 |
| 〜の | | 〜의 | 58 |
| 〜の | | 〜의 것 | 86 |
| ノート | | 노트 | 93 |
| のむ | 飲む | 마시다 | 179 |
| のりかえ | 乗り換え | 갈아타기 | 140 |

| 단어/표현 | 한자표기 | 의미 | 페이지 |
|---|---|---|---|
| **は** | | | |
| 〜は | | 〜는/은 | 58 |
| パーセント | | 퍼센트 | 115 |
| はい | | 네 | 52 |
| はくぶつかん | 博物館 | 박물관 | 121 |
| はじめて | 初めて | 처음 | 58 |
| はじめまして | 初めまして | 처음 뵙겠습니다 | 52 |
| バス | | 버스 | 164 |
| パソコン | | 컴퓨터 | 97 |
| はちじ | 8時 | 여덟 시 | 108 |
| バニラ | | 바닐라 | 115 |
| はは | 母 | 어머니 | 183 |
| ハワイ | | 하와이 | 184 |
| はん | 半 | 반 | 108 |
| 〜びき | 〜引き | 할인, 깎아줌 | 115 |
| ひくい | 低い | 낮다 | 149 |
| ひこうき | 飛行機 | 비행기 | 179 |
| ピザ | | 피자 | 97 |
| びじゅつかん | 美術館 | 미술관 | 121 |
| ひと | 人 | 사람 | 134 |
| ひとり | 一人 | 한 사람 | 164 |
| びょういん | 病院 | 병원 | 125 |
| びよういん | 美容院 | 미용실 | 121 |
| ビル | | 빌딩 | 95 |
| ヒレカツ | | 히레 돈까스 | 94 |
| ひろい | 広い | 넓다 | 147 |
| ピンク | | 핑크 | 108 |
| ふくざつだ | 複雑だ | 복잡하다 | 140 |
| ふくとしんせん | 副都心線 | 부도심선 | 134 |

| 단어/표현 | 한자표기 | 의미 | 페이지 |
|---|---|---|---|
| ふね | 船 | 배 | 179 |
| ふゆ | 冬 | 겨울 | 146 |
| ふるい | 古い | 오래되다 | 149 |
| 〜へ | | 〜에/로 | 164 |
| へえ | | 허〜/저런 그랬었나 | 60 |
| べっぷ | 別府 | 벳푸(지명) | 68 |
| へや | 部屋 | 방 | 147 |
| べんきょうする | 勉強する | 공부하다 | 179 |
| べんりだ | 便利だ | 편리하다 | 134 |
| ほかに | 他に | 또/거기 말고 | 164 |
| ほっかいどう | 北海道 | 홋카이도(지명) | 164 |
| ホテル | | 호텔 | 164 |
| ほんとうですね | 本当ですね | 정말 그렇네요 | 142 |

## ま

| 단어/표현 | 한자표기 | 의미 | 페이지 |
|---|---|---|---|
| まじめだ | | 성실하다 | 149 |
| 〜まで | | 까지 | 108 |
| みせ | 店 | 가게, 점포 | 174 |
| みそラーメン | | 된장라면 | 94 |
| みなさん | | 여러분 | 60 |
| みる | 見る | 보다 | 164 |
| むずかしく ない | 難しく ない | 어렵지 않다 | 140 |
| めがね | | 안경 | 93 |
| 〜も | | 도 | 58 |
| もうします | 申します | 합니다 | 60 |
| もしもし | | 여보세요 | 174 |

| 단어/표현 | 한자표기 | 의미 | 페이지 |
|---|---|---|---|
| **や** | | | |
| ～や | | ～이며, ～랑 | 164 |
| やさしい | | 친절하다 | 148 |
| やすみ | 休み | 쉬는 날/휴무 | 114 |
| ゆうびんきょく | 郵便局 | 우체국 | 119 |
| ゆうめいだ | 有名だ | 유명하다 | 58 |
| ゆきまつり | 雪祭り | 눈 축제 | 164 |
| ゆふいん | 湯布院 | 유후인 | 172 |
| よっかかん | 4日間 | 4일간 | 164 |
| よむ | 読む | 읽다 | 180 |
| よろしく | | 잘 | 52 |
| **ら、わ、を** | | | |
| ラーメン | | 라면 | 68 |
| リボン | | 리본 | 108 |
| りょこう | 旅行 | 여행 | 58 |
| りんご | | 사과 | 68 |
| レストラン | | 레스토랑 | 114 |
| れんきゅう | 連休 | 연휴 | 172 |
| ろくさんビル | 63ビル | 63빌딩 | 95 |
| ろっぽんぎ | 六本木 | 롯본기 (지명) | 184 |
| ロンドン | | 런던 | 182 |
| ワイキキ | | 와이키키 | 184 |
| わたし | 私 | 나, 저 | 58 |
| わたしたち | 私たち | 우리들 | 142 |
| わりかん | 割り勘 | 나누어 냄 | 88 |
| ～を | | ～을/를 | 108 |

● 저자소개 ●

**김옥임 (金玉任)**
츠쿠바(筑波)대학 대학원 문예 언어학 석사과정 졸업
츠쿠바(筑波)대학 대학원 문예 언어학 박사과정 수료 (일본어학(의미론)전공)
현) 성신여자대학교 일어일문학과 교수
한국일본어학회 회장
저서: 『일본인들은 쉬운 경어로 말한다』(2008, 피오디월드)

**류경자(柳京子)**
한국외국어대학교 대학원 일어일문학과 수료
츠쿠바(筑波)대학 대학원 일어교육연구과 졸업(교육학석사)
츠쿠바(筑波)대학 대학원 인문교육학연구과 졸업(교육학박사)
현) 상명대학교 어문대학 일본어문학과 교수
저서: 『入門音声学』(2000, J&C)

**조남성(趙南星)**
츠쿠바(筑波)대학 지역연구연구과 석사과정 졸업
츠쿠바(筑波)대학 문예·언어연구과 박사과정 수료
도호쿠(東北)대학 문학박사 (일본어교육 전공)
현) 한밭대학교 일본어과 교수
저서: 『가나·한자·외래어와 일본어교육』(2009, 보고사)

**김인주(金仁珠)**
츠쿠바(筑波)대학 문예언어학과 일본어학 석사과정 졸업
츠쿠바(筑波)대학 문예언어학과 일본어학 박사과정 수료
현) 한림성심대학 관광일어통역과 교수
저서: 『TalkTalkTalk일본어중급』(다락원)

**조주희(趙柱喜)**
성신여자대학교 대학원 졸업
한국외국어대학교 대학원 박사과정 수료(일본근현대문학 전공)
현) 서경대학교 일어학과 겸임교수
저서 : 『무라카미 하루키(村上春樹) 문학 연구』(2010, 제이앤씨)

**츠츠이 아키히로(筒井 昭博)**
일본 동경대학교 문학부 국어국문학과 졸업
미국 University of Massachusetts, Amherst Department of Asian Languages and Literatures
석사과정 졸업
현)이화여자대학교 인문과학부 조교수

**데루야마 노리모토(照山 法元)**
도시샤(同志社)대학 문학부 졸업
와세다(早稲田)대학 대학원 일본어교육연구과 졸업
현) 한국외국어대학교 일본어대학 전임강사

**이시이 나오미(石井 奈保美)**
동경외국어대학 졸업
츠쿠바(筑波)대학 대학원 석사과정 졸업
한국외국어대학교 일어일문학과 박사과정 졸업(언어학 전공)
현) 동덕여자대학교 일본어과 전임강사

재미있고 즐겁게 일본어를 하다보면, 회화실력이 쑥쑥!

# 오모시로이
## 일본어 ①

| | |
|---|---|
| 초판발행 | 2011년 2월 28일 |
| 1판 7쇄 | 2021년 3월 15일 |
| | |
| 저자 | 한국일본어학회 |
| 책임 편집 | 조은형, 무라야마 토시오 |
| 펴낸이 | 엄태상 |
| 마케팅 | 이승욱, 전한나, 왕성석, 노원준, 조인선, 조성민 |
| 콘텐츠 제작 | 김선웅, 김현이 |
| 경영기획 | 마정인, 조성근, 최성훈, 정다운, 김다미, 오희연 |
| 물류 | 정종진, 윤덕현, 양희은, 신승진 |
| | |
| 펴낸곳 | 시사일본어사(시사북스) |
| 주소 | 서울시 종로구 자하문로 300 시사빌딩 |
| 주문 및 교재 문의 | 1588-1582 |
| 팩스 | 0502-989-9592 |
| 홈페이지 | www.sisabooks.com |
| 이메일 | book_japanese@sisadream.com |
| 등록일자 | 1977년 12월 24일 |
| 등록번호 | 제300 - 1977 - 31호 |

ISBN 978-89-402-9046-0 18730

* 이 교재의 내용을 사전 허가 없이 전재하거나 복제할 경우 법적인 제재를 받게 됨을 알려드립니다.
* 잘못된 책은 구입하신 서점에서 교환해드립니다.
* 정가는 표지에 표시되어 있습니다.